www.ingramcontent.com/pod-product-compliance
Lightning Source LLC
LaVergne TN
LVHW041102150826
845673LV00007B/1879

* 9 7 8 9 9 4 8 7 6 4 2 0 5 *

تطور لغة الشعر العربي

وقائع ندوة

مهرجان الشارقة للشعر العربي 2024

تطور لغة الشعر العربي

وقائع ندوة

مهرجان الشارقة للشعر العربي 2024

المشاركون:

أ. د. محمد عبد الرزاق المكي

د. سماح حمدي

محمد العثمان

د. عبد الله المعطاني

أ.د. ناصر شبانة

إعداد: محمد عبد الله البريكي

إصدارات دائرة الثقافة، حكومة الشارقة 2024 م

الناشر: دائرة الثقافة - حكومة الشارقة - الإمارات العربية المتحدة
الهاتف: 5123333 6 971+
البرّاق: 5123303 6 971+
الموقع الإليكتروني: www.sdc.gov.ae
البريد الإليكتروني: sdc@sdc.gov.ae

الطبعة الأولى 2024

811.9
ن ت . ت
ندوة تطور لغة الشعر العربي (2024: الشارقة، الإمارات العربية المتحدة)
تطور لغة الشعر العربي : وقائع ندوة مهرجان الشارقة للشعر العربي 2024 / المشاركون محمد عبدالرزاق المكي...[وآخ.] ؛ إعداد محمد عبدالله البريكي.
الشارقة، الإمارات العربية المتحدة : دائرة الثقافة، 2024.
142 ص ؛ 21x14 سم.
1. الشعر العربي - تاريخ ونقد - العصر الحديث
2. الشعر العربي واللغة
أ - العنوان
ب- المكي، محمد عبدالرزاق
ج - البريكي، محمد عبدالله
د - مهرجان الشارقة للشعر العربي (21 : 2024)

ISBN: 978-9948-764-20-5

المقدمة

لغة الشعر وتحولاتها

تتشكل لغة الشعر في إطارها المعرفي، عبر تراكمات تضعها على مر الزمن قابلة للاختبار والتحليل، فالمؤشرات التراكمية لهذه اللغة، لها دلالة واضحة على أنها تتطور وفق الظواهر الأدبية التي تأسست عليها، والتي تخضع للتحديث بحكم التحول الزمني وعوامل النمو، بما يجدد أبنيتها وتراكيبها بحسب أنساقها المعرفية عبر التاريخ، فالصورة الشعرية في زمن الجاهلية اختلفت تماماً في العصور التي تلت العصر الإسلامي، بحكم منجزات اللغة الملموسة في تاريخ العربية، وقد اتضحت تلك المعالم المتغيرة في جوهر اللغة الشعرية وفق الحقائق الراهنة، والتي مكنت النقاد وعلماء اللغة من دراسة مرتكزاتها، وأسباب تطورها وحيويتها في مضمار تجددها وفق شروط الإبداع، وكذلك وفق منظومتها التي أظهرت صورتها الكاملة عبر العصور الماضية إلى وقتنا هذا.

واللغة الشعرية تنبثق من بلاغة النصوص التي كتبها

الشعراء عبر الزمن، فكل عصر له معالجاته وإجراءاته التي لا تقف عند حدود، وهذه اللغة أحرزت تقدماً، ويظهر ذلك من خلال الاستعمالات اللغوية المتداولة، بما يبرز الخصائص التواصلية الجمالية التي حصرها النقاد، ومن ثم مقاربتها بمفاهيم تتلاءم مع التحولات في الأفق الزمني، فقد قدمت الكثير من الأبحاث في الفكر المعاصر تصورات تكشف تغير أشكال اللغة وعلاقاتها بأشكال التعبير عبر العصور المختلفة، من خلال أطر منهجية صحيحة، كانت وما زالت مهمتها الأساسية الاستفادة من علوم اللغة وطابعها الحركي، وديناميكيتها المتغيرة في فلك تأويل الدلالات، وخواص الأبنية الصرفية والصوتية، والفروق الأسلوبية، ودرجات التعقيد والتبسيط بحسب فوارق المجتمعات ونمطيتها، بما يرقق اللغة أو يسبغ عليها قدراً أوفر من التحديث والتطور في كل الثقافات اللاحقة، بما ترك مخزوناً في الذاكرة العربية بملامحه الإشكالية التي تحدد التأثيرات المعرفية للغة الشعر، وتبيان وظائفها بهدف استخلاص بعض البحوث التحليلية الجديدة في هذا الإطار، وهو ما يسعى إليه هذا الكتاب الذي يصدره بيت الشعر بدائرة الثقافة في الشارقة، والذي تجمع أوراقه جملة من الدراسات والبحوث التي قدمها مجموعة من النقاد في مهرجان الشارقة للشعر العربي في دورته العشرين، من أجل مواكبة التطورات اللغوية في الشعر، وللوقوف على أبرز التحولات بمفاهيم مستحدثة ذات نزعات منهجية عبر حركة التاريخ، فالهدف من هذه الدراسات هو

تحليل المكونات اللغوية في الشعرية العربية بشكل متقارب، وهو ما يتجلى بوضوح في فصول هذا الكتاب.

ولتقديم رؤية شاملة حول هذا الموضوع، نطرق أبواب البحوث الخمسة المقدمة خلال هذه الندوة، لنفتح آفاقها ونسبر أغوارها، في محاولة تلخيص مفاهيمها وإبراز رؤاها النقدية، ففي محور التطور اللغوي وحيثياته، يتناول الدكتور محمد عبد الرزاق المكي في بحثه المعنون "أثر اختلاط الثقافات والأجناس في تطوّر لغة الشعر العربي"؛ ظاهرة هامة في منحى القصيدة العربية، إذ تسعى الدراسةُ إلى كشف مناهل الشعراء اللغوية وتلقي الضوء على تجارب مميزة، استطاعت إبراز قوة اللغة العربية متكئة على الموارِدِ المتعددةِ والمتشعبةِ التي أثرت المعجم الشعريِّ، وقدمت إضافات إلى البنيةِ اللغويةِ للخطابِ الشعريِّ العربيِّ. كما يتطرق إلى الاتجاهات التي درست هذه الظاهرة، ومختلف روافدها وأسسها الاجتماعية والثقافية.

أما الدكتورة سماح حمدي، فقدمت بحثاً بعنوان "الصورة واختلاف دلالاتها في لغة الشعر العربي"، كان بمثابة مسح نقدي لمختلف التجارب الشعرية التي جسدت هذه الظاهرة، مؤكدة بذلك أن الصورة الشعريّة، هي جوهر العمل الشعري وأساسه الرئيسيّ ومصدر جماليته، وأنّ قدرة الشاعر على الابتكار والخلق، تظهر في قدرته على استخدام اللغة لصناعة الصّور الجمالية في نصوصه أكثر ممّا تتحققّ في أيّ عنصر

آخر. كما تقدم الدكتورة في بحثها؛ بعض المحطات التاريخية الهامة لهذا التطور الصُّوَرِي، وتلقي الضوء على الأدوات، مثل التشبيه والتضاد والتشخيص وغيرها، في محاولة جادة ورصينة لتقصي التطور الدلالي، وإبراز حضور الصّورة الشعريّة في القصيدة العربيّة، وكيفية مواكبة الشعر لحركة التاريخ في أدقّ جزئياته ومختلف مراحله، وتماهيه مع المحيط الطبيعي والواقع الحضاري والنفسي، لتكوّن فكرة عامة في بحثها حول مفهوم الصورة الشعرية وتحوّلاتها بين الماضي والحاضر.

وقدم الأستاذ محمد العثمان بحثاً تعمّق في بنيات النص الشعري لغويّاً، تحت عنوان "تطوّر المستوى الصرفي في لغة الشعر العربي"، وقد كان هذا البحث بمثابة رحلة داخل تفاصيل التشكّل البنيوي لنسيج اللغة العربية وقواعدها، ومدى الذي دخل بين طياته عن طريق الاشتقاق والنحت والتوليد؛ والذي انعكس إيجابيّاً على حركة تطويرها، استناداً على حيوية اللغة وقدرتها على الامتصاص، وعرج على مختلف التجارب التي كانت بمثابة مرايا لهذه الظاهرة، وقد انطلق الباحث من سؤال هام نقديّاً وحضاريّاً، وهو: عمَّ نبحث في الشعر؟ وأردف سؤاله هذا، بسؤال أعمق، يبحث في ماهية العوامل المؤثرة في تحولات الوظيفة الشعرية وتبدلها عبر مختلف المراحل والتجارب. وقد ربط الباحث كل ذلك بمسألة اللغة وخصائصها،

مستشهداً بقول ابن جني؛ الذي يرى في كتابه "الخصائص" أن الكثير من المسائل المتعلقة بلغة الشعر تساعد على التوسع في استيعاب الظواهر اللغوية، ووجوه التعبير فيها، وهذا يبرز الارتباط العميق بين الشعر واللغة، والتكامل البنيوي بينهما على المستوى الصرفي بشكل خاص، إذ استعرض البحث في جزئه التطبيقي عدداً من التجارب التي عكست عمق هذه الظاهرة وتمثلاتها في القصيدة.

وجاء بحث الدكتور عبد الله المعطاني، ليغوص أيضاً في بنية اللغة العربية وعلاقاتها الثقافية عبر مختلف المحطات التاريخية، إذ قدم في بحثه المعنون "تطور البنية اللغوية"، رؤية نقدية مميزة حول ظاهرة قراءة النص الشعري، وتأثيراته على التلقي والتطور الجمالي والثقافي، واستعرض بعض الرؤى النقدية في هذا المجال، مؤكداً أن معالجة النص الشعري على امتداد عمره الزمني، لا تخرج عن مسلكين متوازيين، أولهما النظر إليه من خارجه، أي من زاوية المقومات والمعطيات والسياقات، التي يعيش في رحابها، باستخدام القراءات الوصفية والانطباعية والإسقاطية وغيرها، وثانيهما هو النظرة إلى داخل النص الذي يعكس اختلاف القدرات وتباين المهارات وطاقات الإبداع. كما يستعرض البحث بعض مفاتيح ومقومات قراءة النص الشعري وهي: الدلالات، التراكيب والصيغ، الأصوات

والعلاقة المرجعية بين النص والقارئ، ليكون البحث بمثابة مسح شامل، يفتح أبواب التساؤلات المعرفية، ويتعمق في إضاءة مختلف الزوايا النقدية في ساحة الشعرية العربية.

وفي ختام البحوث المقدمة، تناول الدكتور ناصر شبانة في بحثه المعنون "المفردة من العصر الجاهلي إلى العصر الحديث"؛ ظاهرة تطوّر المفردة اللغوية ومدلولاتها عبر رحلة النص الشعري العربي بين مختلف المحطات التاريخية، موضحاً أن "الشعراء هم حراس اللغة، وهم سدنتها، بهم تنشأ، وعلى أيديهم تتطور وتكبر" وملقياً الضوء على أساليبهم وطرقهم في إنتاج المفردات والصيغ اللغوية الجديدة، وبيّن البحث أثر الشعراء في توسيع المعجم اللغوي، ودورهم في تعزيز الاستعمال الفعلي للمفردات والصيغ المختلفة، وقد استخدم الباحث في هذه الدراسة المنهج التاريخي، لكونه المنهج الأصلح لرسم خط سير المفردة الشعرية زمنيّاً، ورصد تحولاتها المرحلية استناداً على مختلف الظواهر الثقافية والإنسانية التي سادت في مختلف العصور، وذلك لتكوين رؤية شاملة تعكس أثر هذه الظاهرة، وتبرز العلاقات العميقة التي تربط اللغة بالشعر، والمفردة بالدلالة، ليكون البحث بمثابة "صورة بانورامية" استطاعت أن تسافر عبر النص والتاريخ.

اللغة العربية إذن لا تتوقف عن التطوّر والتشظي في مفرداتها ومعانيها، فهي متحركة بالرموز والصور والانزياحات والكناية

والتورية، فلسانها مرنٌ مع الثقافات الأخرى التي يختلط بها، وصورها تتعدد دلالاتها بين عصرٍ وآخر، فقد تجد مفردة في عصر ما قبل الإسلام، تعطي دلالة مختلفة عن دلالاتها في العصر الحديث مثلاً، وقد تتطور بنيتها اللغوية ومستواها الصرفي، لتجتمع هذه الأبحاث دفعة واحدة للإضاءة على مواطن الجمال في تطور لغة الشعر العربي.

محمد عبد الله البريكي

مدير بيت الشعر

تطوّر اللسان والاختلاط بالثقافات

أ. د. محمد عبد الرزاق المكي

(1)

ثَمَّةَ مدخلٌ منهجيٌّ يَجْدُرُ التَرَيُّثُ عنده قبل الشروعِ في تحليلِ لغةِ الشعرِ العربيِّ، وبيانِ مدى تأثرِها باختلاطِ الثقافاتِ والأجناسِ؛ فبقدرِ ما تُفيدُ تلك الدراسةُ من معطياتِ المنهجِ التَّأْثِيلِيِّ، الذي يتحددُ مجالُ بحثِهِ في "دراسةِ أصولِ الكلماتِ من حيث انحدارُها من لغةٍ أم، أو دخولُها بالاقتراضِ؛ أي دراسة نشأةِ الكلماتِ وتطورِّهَا بُغْيَةَ الوُقُوفِ على البنْيَةِ الأَصلِيَّةِ لها، والصِّيغِ التي تفرعت منها صوتيّاً أو صرفيّاً أو دلاليّاً، وعلى الانتماءِ اللسانيِّ أو الحضاريِّ للمُفْرَدةِ"[1]؛ فإنَّ محاولةَ إحصاءِ الكلماتِ الأعجميةِ التي تضمنها ديوانُ الشعرِ العربيِّ عبرَ عصورهِ المتتابعةِ، ودَرسِها درساً إيتيومولوجياً يُعْنَى -كما ذهب "فندريس"- بالوقوفِ على "ألفاظ القاموس كلمةً كلمةً وتزويدِ كُلِّ واحدةٍ منها بما يشبهُ أن يكونَ بطاقةً شخصيةً يذكرُ من أينَ جاءت ومتى، وكيف صِيغت، والتقلباتِ التي مَرَّت

بِها"[2]. وفضلاً عن انحرافهِ بالدراسةِ عن مَسارِ النَّقدِ إلى عِلمِ اللغةِ التاريخيِّ وإدراجِها ضمنَ "الأركيولوجيا اللسانية"[3]؛ فإنه يصطدمُ أيضاً بعددٍ غيرِ قليلٍ من المعاجمِ والمُدَوَّناتِ التاريخيةِ والتأثيليةِ[4] وكَمٍّ هائلٍ من الدراساتِ التي شُغِلَت بدراسةِ الاقتراضِ اللغويِّ وما تضمنهُ من ظواهرَ ومصطلحاتٍ لغويةٍ كالمُعَرَّبِ والدَّخِيلِ والمُوَلَّدِ والمُحْدَثِ"[5].

وعليهِ فليسَ من وَكْدِ تلكَ الدراسةِ -رصداً أو نقداً- متابعةُ جهودٍ سابقةٍ حاولت رَصدَ الألفاظِ الفارسيةِ أو اليونانيةِ أو الهنديةِ أو السريانيةِ لدى واحدٍ أو ثُلَّةٍ من الشعراءِ في عصرٍ بعينهِ من عصورِ الشعرِ العربيِّ، ورَدَّهَا إلى أصولِها، والتفتيشَ عن المَسَارِبِ التي سلكتهَا تلك الألفاظُ إلى المُعْجَمِ الشعريِ العربي؛ إذ لا يكشفُ هذا الطَّرْحُ -وَفْقَ تَصوُّرِ الباحثِ- عن تغيرٍ جِذريٍّ في لغةِ الشعرِ العربيِّ إلا إذا استحال نوعاً من "المُثَاقفَةِ اللغوية" تُسهمُ في توجيهِ النَّسيجِ اللغويِّ ليصيرَ خِطاباً شِعريّاً جديداً، يمتلكُ من السماتِ ما يجعلُهُ يفترقُ بحالٍ عن السماتِ اللغويةِ المائزةِ للخطابِ الشعريِّ المُؤَسِّسِ.

ومن هنا تسعى تلكَ الدراسةُ مُتَّكِئَةً على المواردِ المتعددةِ والمتشعبةِ، التي امتاحَ منها الشعراءُ موادَّ معجمِهم الشعريِّ، إلى الوقوفِ على عددٍ من التجاربِ الشعريةِ المائزةِ التي تُمثِّلُ محطاتٍ فارقةً في البنيةِ اللغويةِ للخطابِ الشعريِّ العربيِّ.

(2)

تحتفظ لنا المُدَوَّنَةُ النَّقْديَّةُ بعددٍ غيرِ قليلٍ من الدراساتِ التي اختصت بالحديثِ عن الأثرِ الأجنبي في لغةِ الشعرِ الجاهلي[6]، أو في دواوينِ بعضِ الشعراءِ الجاهليين، وتُفضِي بنا القراءةُ المتفحصةُ لتلك الدراسات إلى نتيجةٍ؛ مُفادُها أن هؤلاء الباحثين شُغِلوا برصدِ حضورِ الألفاظِ الأعجميةِ: فارسية، ويونانية، وسريانية، وعبرانية، وهندية وتركية في الشعر الجاهلي، وقد توزع أصحاب تلك الدراسات على ثلاثة اتجاهات؛ اكتفى أولها بجمع الألفاظ، وإنفاق الجهد الكبير في تأثيلها، وردها إلى أصولها، وانصرف ثانيها إلى تعظيم أثر ثقافة بعينها، كاليونانية أو الهندية، نحو ما شهدناه من مبالغاتٍ كثيرةٍ في إبراز تأثير الفرسِ في الثقافة العربيةِ بوجه عام، وفي الشعر العربي على وجه الخصوص[7]، وانبرى ثالثُها بدافع التعصب للعرب؛ ينكرُ وجودَ اللفظِ الأعجميِّ في الشعر الجاهلي، باذلاً جهده في رد الألفاظِ الأعجميةِ الموسومةِ بالدخيلِ أو المعربِ إلى أصل عربي، انطلاقاً من مقولة ابن جني: "كلُّ ما قِيسَ على كلامِ العربي؛ فهو من كَلامِ العرب"[8].

وبقطع النظر عما دار حول تلك القضيةِ من خصومة؛ فلعلنا

نتفق أن من الخطأ بمكان الجزمَ بوجود أثر أجنبي في لغة الشعر الجاهليِّ، لمجرد تردد عدد قليل أو كثير من المفردات الأعجمية في دواوين عدد من الشعراء؛ إذ يقتضي التسليم بذلك الإجابة عن تساؤلات أربعة؛ أولها: هل كان الشاعرُ لدى استعمالهِ اللفظَ يعلم أنه غيرُ عربي؟ والثاني: هل قصد الشاعرُ توظيفَ الألفاظِ الأجنبيةِ لإنتاج خطابٍ شعريٍّ بلغة مغايرةٍ للغة الأصلية؟ والثالث: عن أيَّةِ لغةٍ عربيةٍ نتحدث، وأين نجد تلك اللغةَ العربيةَ الأصليةَ فيما وصلنا من نصوصٍ؟ والرابع: هل توافر لدى العربِ نصٌّ شعريٌّ عربيٌّ خالصٌ لم يتأثر باختلاطِ الثقافات والأجناسِ، ويتمتعُ بقسماتٍ لغويةٍ، على نحو يجعل منه النصَّ المُؤَسِّسَ الذي تدورُ حَوْلَهُ النصوصُ الأخرى اتفاقاً أو اختلافاً؟

وفي سبيل الإجابةِ عن التساؤلات السابقة؛ فالثابتُ لدينا أن الشعراء الجاهليين لم يكن لديهم من الوعي اللغوي، ما يمكنهم من التمييز بين اللفظ العربي والأعجمي؛ إذ كان الشاعر يمتاحُ موادّ معجمه الشعري من بيئته التي يعيش فيها، وقد شهدت البيئة العربية قبل الإسلام؛ بفعل الاحتكاك مع الأمم الأخرى، حركةً واسعةً من التمازج الحضاري والثقافي والاجتماعي، مما أسهمَ في ظهور الاقتراض اللغوي "فالعربية ليست بدعاً من اللغات الإنسانية، فهي تقرض وتقترض، والتأثير والتأثر بين اللغات قانون اجتماعي إنساني"[9]، و"لا يمكن أن تتم عملية تبادل تجاري أو ثقافي أو حضاري دون تبادل لغوي"[10].

وقد عرف العرب الاقتراض اللغوي قبل الإسلام، إما بسبب إعجابهم باللفظ، وهو ما أشار إليه "الجاحظ"؛ إذ ذكر أن "أهل المدينة لما نزل فيهم ناس من الفرس في قديم الدهر علقوا بألفاظ من ألفاظهم، ولذلك فهم يسمون البطيخ الخربز"[11]، أو بسبب الحاجة إلى اللفظ في معاملاتهم؛ إذ "لم يجد العرب القدماء غضاضة أو ضيراً في اقتراض ألفاظ من لغات أخرى، تعبر عن أمور غير مألوفة في شبه الجزيرة العربية، من أزهار وحيوانات وطيور وأدوات مختلفة، ومن قيم حضارية ودينية كانت عند الأمم والشعوب المجاورة للعرب"[12].

وإذا رحنا نفتش عن اللغة العربية الأولى التي كتب بها الشعر؛ فإننا نتفق في نتيجة واحدة، وهي أنها ترجع إلى "الأصل السامي الذي تفرعت عنه اللغات السامية جميعاً"[13]، ولا يعني ذلك بحال أن تلك اللغة التي ترجع نشأتها إلى زمن إسماعيل عليه السلام، في حدود الألف الثاني قبل الميلاد؛ هي لغة الشعر الجاهلي التي وصلتنا نصوصه الأولى؛ إذ "من المعقول أن تكون لغة الشعر الجاهلي قد احتاجت إلى قرون عدة لتأخذ مفرداتها، ومصطلحاتها، وصيغها، وأساليب تعبيرها، وقواعد صرفها ونحوها؛ طريقها إلى النضج والاستقرار"[14].

وطوال تلك الرحلة التي قطعها الشعر ليصل إلى تلك الصورة الناضجة، تَشرَّبَ مَوروثُهُ العربي بأصول دينية وأسطورية من السومريين والبابليين، وبحضارة فارسية احتضنتها الحيرة،

وعليه "فالشعر الجاهلي الذي ندرسه إذنْ شعر قديم التجربة، أولياته في لغة غير لغته.. وهو ليس صنيع قوم بداة جفاة، بل هو ثمرة حضارة الأمم السامية القديمة"[15].

أما محاولة التنقيب عن الجذور الأولى للقصيدة العربية، أو ما اصطلح النقاد على تسميته بقضية "أولية الشعر العربي"؛ "فعلى الرغم مما يذهب إليه بعض الباحثين تأسيساً على رأي الجاحظ"[16] ومن لَفَّ لَفَّهُ؛ من تأكيد أننا لا يوجد بين أيدينا من شعر العرب قبل الإسلام شيء موثق يرجع إلى ما وراء القرن الخامس الميلادي[17]، فإننا نثمن الجهد التوثيقي الذي بذله عادل الفريجات في بحثه عن الشعراء الجاهليين الأوائل؛ إذ جمع تسعمائة واثنين وأربعين بيتاً، موزعة على أربع وستين ومائة قصيدة ومقطعة لأربعين شاعراً، تقع أزمنتهم بين القرن الثالث والقرن الخامس الميلادي، وهكذا فقد أتاح لنا نصوصاً شعرية صحيحة، ترجع إلى فترة تسبق مشرق الإسلام بأربعة قرون.

ومن أسف أننا لم نعثر فيما وقفنا عليه من نصوص الشعراء الأوائل الأولى، التي أوردها عادل الفريجات، على ذلك النموذج العربي الخالص الذي يخلو من أثر الثقافات الأخرى؛ فها هوذا خزيمة بن نهد القضاعي (كان حيّاً 241م) يقول:

فتـــاةٌ كأنَّ رُضَـــابَ العبير

بفـيهـا يُعَلُّ بـه الزَّنْجَـبيل[18]

ولا خلاف بين أصحاب المعاجم في أن لفظ (الزنجبيل) غير عربي[19].

وإذا انتقلنا إلى (عمرو بن عبد الجن التنوخي ق.4 م)؛ فسنلمح حضوراً لبعض الألفاظ السريانية في قوله:

وما قَدَّسَ الرهبان في كل هَيْكَلٍ

أبيلَ الأبيلين المسيح بن مريم[20]

والأبيل هو رئيس النصارى، وكانوا يسمون عيسى بن مريم عليه السلام أبيل الأبيلين[21].

ويُفضي بنا كل ما ذكرناه من شواهد، إلى أن النسيج اللغوي للشعر الجاهلي -فيما وصلنا من نصوصه- لم يتأثر باختلاط الأجناس والثقافات تأثراً يؤدي إلى ظهور خطاب لغوي ذي سمات مغايرة للخطاب اللغوي المؤسس، أما ظهور الكلمات المعربة والدخيلة فيه، فهو أمر يكشف عن قوة العربية؛ "لأن مقدرة لغة ما على تمثيل الكلام الأجنبي تعد ميزة وخصوصية لها؛ إذ هي صاغته على أوزانها، وأنزلته على أحكامها، وجعلته جزءاً لا يتجزأ منها"[22].

(3)

ينبغي لنا في ضوء ما أشرنا إليه من ضرورة تجاوز النظرة السطحية إلى نظرة أكثر رحابة واتساعاً، ألا نتحمس لهذا الزعم بأن البناء اللغوي للقصيدة العربية في عصر صدر الإسلام، قد تحول نحو خطاب شعري إسلامي، استناداً إلى تردد عدد من الألفاظ الإسلامية في شعر حسان أو كعب؛ فهذا إن هو إلا تكرار للخطأ نفسه؛ إذ إننا لو وقفنا على عدد من أبيات قصيدة "بانت سعاد" لكعب بن زهير؛ إذ يقول:

أنبئتُ أن رســولَ اللــهِ أوعدني
والعفوُ عند رســولِ الله مأمولُ
مهلاً هداك الذي أعطاك نافِلةَ الْـ
ـقُرآن فيها مواعيــظٌ وتفصيـلُ
إن الرســولَ لَنورٌ يُســتضاءُ به
مُهَنَّدٌ من ســيوفِ الله مســلولُ

نلاحظ أن تلك القصيدة التي تعد من عيون الشعر الإسلامي، لا تتضمن أي أثر لغوي للإسلام، وإذا حذفنا منها ما تضمنته من مفردات إسلامية مثل (رسول الله/ القرآن/ نافلة)، ونظرنا إليها

نظرة شاملة، سنجدها قصيدة جاهلية، ضمنها كعب عدداً من المفردات الإسلامية، التي لم يكن قد أدرك بعد معانيها، وعليه فكعب في مدحه النبي ﷺ "لا يختلف عن مدح أي شاعر جاهلي لبعض من كان يطلب رفدهم"[23]، ومن ثَمّ فإن تردد الألفاظ الإسلامية، لا يمثل الأثر الإسلامي على مستوى البنية اللغوية والخطاب الشعري في صدر الإسلام.

(4)

لعل التجربة اللغوية الأولى التي يجدر التلبث عندها، تلك التي تعد التجربة الأبرز أثراً؛ ليس على مستوى العصر العباسي فحسب، بل على مستوى الشعر العربي كله، وهي "الأسلوبُ المُوَلَّد"، قد غذتها روافد حضارية، وساعد على ازدهارها "الاتجاه الشعبي".

وترتبط نشأة الأسلوب المولد بذلك الصراع اللغوي الذي نشأ بين العربية واللغات الأخرى، سواء اللغات الوطنية القديمة للموالي الذين أسلموا، أو اللغات المحلية للأمم المفتوحة، وعلى الرغم من انتصار العربية؛ فإنها لم تخرج سالمة من تلك المعارك التي خاضتها مع اللغات المحلية[24]؛ إذ إن اللغات الوطنية القديمة -كما يشير يوهان فك- كانت سائدة في الوديان والسهول في كل مكان: ... القبطية في مصر، واللهجات الآرامية في سورية وما بين النهرين، وحتى في المدن لم تكن الكلمة العليا للعربية، ففي مدن العراق -حتى الجديدة منها كالبصرة والكوفة- كانت الفارسية سائدة بين الطبقات الدنيا[25].

ويبدو أن الصراع بين العربية والروافد الأخرى التي غذت الأسلوب المولد، قد بدأ منذ وقت مبكر؛ إذ "أدرك الأمويون

بفطرتهم العربية السليمة منذ القرن الأول، خَطَر نموّ هذا الأسلوب المولد على حياة العربية الفصحى، فتحمسوا أشد التحمس لمبدأ تنقيتها من اللحن والألفاظ الدخيلة عليها، وكان الخلفاء يبعثون بأبنائهم إلى البادية لينشأوا على تعلم اللغة الفصيحة في القبائل العربية الأصيلة"[26].

ومما يرتبط بذلك أيضاً هذا الموقف الصارم، الذي اتخذه اللغويون إزاء تلك الظاهرة، حين حددوا ضوابط للاحتجاج اللغوي، وأخرجوا شعر المولدين منها، وعليه فليس من عجب أن يعرِّفَ السيوطي التوليد بأنه "ما أحدثه المولدون الذين لا يحتج بألفاظهم"[27]، ولم يكن السيوطي نسيج وحده في هذا الحكم؛ إذ بناه على قول الأصمعي: "ختم الشعر بإبراهيم بن هرمة وهو آخر الحجج"، وتابعه، فقال: "أجمعوا على أنه لا يحتج بكلام المولدين والمحدثين في اللغة العربية"[28].

وقد أشار الجاحظ إلى وجود لغة مولدة في القرن الثاني الهجري[29]، بسبب اختلاط العرب بالفرس الذين كانوا يسيطرون على جميع مفاصل الدولة، الأمر الذي حمله على الجزم بأن الفصحى الخالصة قد انتهت بسقوط الدولة الأموية، إذ كانت "دولة بني أمية عربية أعرابية، ودولة بني العباس أعجمية خراسانية"[30].

وعليه؛ فإن المجتمع الإسلامي الجديد بتركيبته السكانية

المتعددة الأصول والثقافات، بات بحاجة إلى لغة جديدة، تمتاح موادها من لغة الحياة اليومية، وقد وجد ضَالَّتَه في الأسلوب المُوَلَّد، الذي "كان تطوراً طبيعياً للغة العربية في هذه البيئة الجديدة، التي تضم أشتاتاً وأخلاطاً من الأجناس واللغات"[31]، ولذا فقد "كان لا بد من إحداث ألفاظ جديدة لتأدية معاني العصر الجديدة"[32].

وليس ثمة دليل أكثر نصاعة على تأثير الأسلوب المولد في شعراء هذا العصر، مما قاله الأصمعي معلقاً على شعر ذي الرُّمَّة؛ قائلاً: "إن ذا الرُّمَّة قد أكل البَقْلَ والمَمْلُوحَ في حَوانيت البَقَّالين حتى بَشِم"[33]، ويعلق د. هدارة على عبارة الأصمعي بأنه "قد أدرك بفطرته اللغوية السليمة، من أين جاء أثر التوليد في شعر ذي الرمة...، وهو طبعاً لا يقصد المعنى المادي الضيق، ولكنه يريد أن ذا الرمة قد أثرت في لغته الحضارة الجديدة، وهذا الأسلوب المولد سمة من سماتها"[34].

وإذا كنا قد اتفقنا في أن نشأة الأسلوب المولد، وخروجه على الأسلوب العربي الفصيح، كانت في المقام الأول استجابة لتلك النزعة الشعبية، فينبغي لنا أن نقف على أهم القسمات المائزة التي تشكلت منها لغة الأسلوب المولد، وهو ما يمكن تحديده في أربع نقاط؛ هي:

أولا- سيطرة النزعة الشعبية والبعد عن التأنق في الألفاظ

والمعاني، والاقتراب من لغة الحياة اليومية، الأمر الذي دفع الشعراء إلى إقحام الألفاظ الشعبية في شعرهم، فها هوذا أبو نواس بدلاً من استخدام الفعل (قَبَّلَ) أو (لثم) يستخدم لفظاً مولداً وهو (باس)، فيقول:

ولـــو علمنـــا أنـــه هكـــذا

كنـــا إذا بُسْـــنَا مســـحناها[35]

وها هوذا بشار يستخدم تعبيراً دارجاً على ألسن العامة، وهو (نور عيني)؛ إذ يقول:

نورَ عيني أصبتِ عيني بسكْبٍ

يومَ فارقْتِنِي على غير ذنبِ[36]

ثانياً- التساهل في بعض قواعد اللغة، مثل التساهل في كتابة الهمزات، الذي نلمحه في قول أبي نواس:

بـك أسـتجيـرُ مـن الـــرَّدَى

وأعوذُ من سَـــطوات بَاسِـــك

وحـــيـــاةِ راسِـــك لا أعـو

ذُ لمثلهـــا وحيـــاةِ راسِـــك[37]

والملاحظ هنا أن أبا نواس قد حذف الهمزة من (بأسك/ رأسك).

ثالثاً- استخدام الأمثال الشعبية العربية والمولدة، مثل قول أبي نواس:

ومـــن غـــابَ عـــن العيـــنِ

فـقـد غـــابَ عـن الـقـلـب[38]

رابعاً- "التوسع في استخدام الألفاظ العربية القديمة وفق هواهم، وابتكار اشتقاقات لهذه الألفاظ بعيدة عن الاشتقاقات المألوفة"[39]، وهو ما نلمحه في قول بشار:

ليس منا من لا يعاب فأغضى

رب زارٍ بـــادٍ عليـــه الزراء[40]

ولو عدنا إلى المعاجم، فلن نجد كلمة (الزراء) مشتقاً يؤدي المعنى الذي أراده بشار.

ولعل أهم ما أضفاه الأسلوب المولد على لغة الشعر، هو تلك الحالة من الازدواج اللغوي، فما بين عربية فصيحة تجري على لسان شاعر بدوي، أو تتردد في أوساط العلماء والأدباء، وأخرى مولدة تتوسل بلغة الحياة اليومية في مخاطبة الطبقات الشعبية، تتحرك القصيدة، وقد أفسح هذا الازدواج أمام الشعراء مجالاً ليكيفوا لغتهم وفق الموضوع وبحسب المتلقي، فكانت الفصيحة والمولدة تسيران جنباً إلى جنب، بل إنهما قد تلتقيان لدى شاعر واحد؛ فتلمح في شعر أبي نواس -الفارسي الأصل- لغة فصيحة

يستخدمها في قصائده الرسمية، ولغة أخرى مولدة يستخدمها "في الموضوعات التي تعبر عن ذات نفسه ومشاعره، فيرضي ذاته، ويرضي قراءه وسامعيه من أبناء الشعب على اختلاف طبقاته"[41].

الخاتمة

انتهى الباحث من دراسته إلى جملة من النتائج؛ أهمها:

- ليس من وكد أي دراسة نقدية، رصد حضور الألفاظ الأجنبية في المدونة الشعرية العربية عبر العصور المختلفة، والتوسل بالمنهج التأثيلي في رَدِّها إلى أصولِها، والتفتيشِ عن المَسَارِبِ التي سلكتهَا تلك الألفاظُ إلى المُعْجَمِ الشعريِ العربي؛ إذ لا يكشفُ هذا الطَّرْحُ -وَفْقَ تَصوُّرِ الباحثِ- عن تغيرٍ جِذريٍّ في لغةِ الشعرِ العربيِّ إلا إذا تحولَّ إلى نوعٍ من "المُثَاقَفَةِ اللغوية"، تنتج خطاباً شعريّاً مغايراً للخطابِ الشِّعريِّ المُؤَسِّسِ.

ومما يجدر ذكره أن ثمة عدداً هائلاً من التجارب اللغوية المميزة تحتفظ بها مدونة الشعر العربي، وتحتاج إلى من يدرسها درساً متخصصاً.

الهوامش:

1. حلام الجيلالي: تقنيات التعريف بالمعاجم العربية المعاصرة، منشورات اتحاد الكتاب العرب، دمشق، 1999م، ص 326.

2. فندريس: اللغة، ترجمة عبد الحميد الدواخلي، مطبعة لجنة البيان العربي، القاهرة، 1950م، ص 226.

3. الأركيولوجيا اللسانية هي "التي تهتم بها كل اللغات التي تسجل تطور دلالات مفرداتها عن طريق التحديث والبحث المستمر، فضلاً عن الاهتمام بعلم التأثيل". راجع أحمد عزوز: وظيفة التأثيل في المعجمية العربية، مجلة مجمع اللغة العربية بدمشق، المجلد (86) 4/955.

4. من أهم المعاجم التاريخية والتأثيلية: المعجم التاريخي للغة العربية بالشارقة، ومعجم الدوحة التاريخي للغة العربية، والمعجم التأثيلي لعبد الوهاب محمد عبد العال.

5. أحمد عزوز: وظيفة التأثيل في المعجمية العربية، ص 957.

6. من الدراسات التي رصدت الأثر الأجنبي في الشعر الجاهلي: الألفاظ المعربة والدخيلة في شعر عدي بن زيد العبادي، لعبد الرحمن العارف، مجلة الدرعية س 8، ع 31-30 أكتوبر، 2005م، والمؤثرات الفارسية في شعر الأعشى، لحسين جمعة، منشورات اتحاد الكتاب العرب، دمشق، 1999م.

7. محمد مصطفى هدارة: اتجاهات الشعر في القرن الثاني الهجري، ط. دار المعارف بمصر، مكتبة الدراسات الأدبية (39)، ط 1، 1963م، ص 85.

8. أحمد عزوز: وظيفة التأثيل في المعجمية العربية 4/956، والنص عند ابن جني: الخصائص، تحقيق محمد علي النجار، دار الهدى للطباعة والنشر، بيروت، د.ت، 1/114.

9. عبد المنعم محمد الحسن: التعريب في ضوء علم اللغة المعاصر، دار جامعة الخرطوم للنشر، ط 1، 1986م ص 30.

10. مناف الموسوي: مباحث لغوية، دار البلاغة، بيروت، 1992م، ص 67.

11. الجاحظ: البيان والتبيين، تحقيق عبد السلام محمد هارون، مكتبة الخانجي، القاهرة، ط 5، 1985، 1/19.

12. محمد سالم المعشني: الاقتراض اللغوي في الشعر العماني، حوليات الآداب والعلوم الاجتماعية، جامعة الكويت، الحولية (28)، الرسالة (278)، يونيه 2008م، ص 26.

13. عادل الفريجات: الشعراء الجاهليون الأوائل، دار المشرق، بيروت، ط 1، 1991م، ص 22.

14. السابق ص 23.

15. صلاح عبد الصبور: رأي في بدايات الشعر، مجلة الشعر، العدد السادس عشر، ص 77-76.

16. راجع رأيي الجاحظ في الحيوان 1/74، و1/277، وتفصيل الدراسات التي تناولت بدايات الشعر الجاهلي لدى عادل الفريجات: الشعراء الجاهليون الأوائل ص 10-8.

17. مصطفى الشورى، الشعر الجاهلي تفسير أسطوري، ط. الشركة المصرية العالمية للنشر، لونجمان، القاهرة، 1996م.

18. عادل الفريجات: الشعراء الجاهليون الأوائل، ص 125.

19. الجواليقي: المعرب من الكلام الأعجمي على حروف المعجم، تحقيق الشيخ أحمد شاكر، مطبعة دار الكتب المصرية، مصر، 1942م، ص 234.

20. عادل الفريجات: الشعراء الأوائل، ص 165.

21. أنستاس ماري الكرملي: المساعد، تحقيق جورجيس عواد، وعبد الحميد العلوجي، مطبعة الحكومة العراقية، بغداد، 1972م، 1/118.

22. جواد علي: المفصل في تاريخ العرب قبل الإسلام، مطبوعات المجمع العلمي العراقي، ط 1، 1956، 8/694.

23. فوزي أمين: في شعر صدر الإسلام والعصر الأموي، دار المعرفة

الجامعية، ط 1، 2005م، ص 96.

24. هدارة: اتجاهات الشعر في القرن الثاني، ص 78.

25. يوهان فك: العربية، ترجمة عبد الحليم النجار، مطبعة دار الكتاب العربي، القاهرة، 1951م ص 82.

26. هدارة: اتجاهات الشعر في القرن الثاني، ص 84.

27. السيوطي: المزهر في علوم اللغة وأنواعها، شرح وتعليق: محمد أبو الفضل إبراهيم، وآخرون، المكتبة العصرية، بيروت، 1992م، 1/242.

28. السيوطي: الاقتراح في أصول النحو، تحقيق عبد الحكيم عطية، دار البيروتي، دمشق، ط 1، 2006م، ص 120.

29. الجاحظ: البيان والتبيين 12-1/11.

30. السابق: 3/237.

31. هدارة: اتجاهات الشعر في القرن الثاني، ص 83.

32. زبير دراقي: محاضرات في فقه اللغة، ديوان المطبوعات الجامعية، الجزائر، ط 2، 1994م، ص 130.

33. المرزباني: الموشح في مآخذ العلماء على الشعراء، تحقيق محمد علي البجاوي، دار نهضة مصر، د. ط، 1965م، ص 180.

34. هدارة: اتجاهات الشعر في القرن الثاني، ص 84.

35. ديوان أبي نواس الحسن بن هانئ الحكمي، تحقيق إيفالد فاجنر، دار النشر للكتاب العربي ببرلين، بيروت، لبنان، ط 2، 1420هـ/2001م، 5/118.

36 .ديوان بشار بن برد، جمعه وشرحه وعلق عليه: الشيخ محمد الطاهر بن عاشور، ط. وزارة الثقافة، الجزائر، 2007م، 2/413.

37. ديوان أبي نواس، 1/273.

38. السابق 2/57.

39. هدارة: اتجاهات الشعر في القرن الثاني، 556.

40. ديوان بشار 1/115.

41. هدارة: اتجاهات الشعر في القرن الثاني الهجري، ص 84.

الصورة واختلاف دلالاتها في لغة الشّعر العربي

د.سماح حمدي

ممّا لا شكّ فيه أنّ مصطلح الصّورة الشعرية يُعدّ من أهمّ المصطلحات التي عالجها الباحثون في دراساتهم قديماً وحديثاً، ذلك أنّها ركن أساسي من أركان العمل الأدبي، ووسيلة الأديب الأولى التي يصوغ من خلالها تجربته الابداعيّة، وهي كذلك الوسيلة المناسبة للناقد، ليقيّم الأعمال الأدبيّة، فالصورة الشعريّة هي جوهر العمل الشعري وأساسه الرئيسيّ ومصدر جماليته، ذلك أنّ قدرة الشاعر على الابتكار والخلق تتجسّم فعليّاً في الصّورة أكثر ممّا تتحققّ في أيّ عنصر آخر، من عناصر النصّ الشعري، وقد "ظلّ لمفهوم الصّورة الشعريّة حضوره الطاغي في عقليّة الناقد العربي قديماً وحديثاً، فالشعر هو من الفنون الأدبيّة التي تعكس ما يعتمل في وجدان المبدع من أحاسيس مختلفة، وما عاشه من تجارب يصوغها في قالب لغوي متميّز، يُحدث في المتلقّي أثراً بالغاً، بفضل طرائق التعبير التي يعمدُ الشاعر لتوظيفها، لإضفاء مسحة جماليّة على شعره، معتمداً على ما يحظى به من خيال خصب وقدرة على الإبداع في التعامل مع الألوان البيانيّة، من تشبيهات واستعارات وكنايات،

يجسّد بها المعاني ويقدّمها بكيفيّة مخصوصة، تميّزهُ عن غيره، فالصورة ترجمان صادق لما يختلج في أعماق الشاعر من أفكار وخواطر. وسنحاول في هذه المداخلة تسليط الضوء على الصورة الشعرية في المدونة العربيّة قديماً وحديثاً، وما عرفته من تطورات في الصياغة والأفكار عبر الأزمنة، ورصد تأثيرات البيئة الاجتماعية والحضارية والطبيعيّة في هذا المسار الفني والتاريخي.

الصورة الشعرية عند القدماء:

كان للصورة الشعرية مكانةٌ مرموقةٌ عند القدماء، فبمجرّد إلقاء نظرة على التراث النقدي العربي القديم، نستنتج وجود ربط متين بين الشعر الجيّد والقدرة على التصوير والوصف، فقد تناقل الرواة أنّ الشاعر الجاهلي زهير ابن أبي سلمى قد منع ابنه كعباً من قول الشعر، ولم يسمح له بالقريض إلّا بعد أن ظهر نبوغه واكتملت قدرته الشعرية، وأصبح قادراً على الوصف والتشبيه، ذلك أنّ القدرة على التشبيه تعدّ مفتاح الدخول إلى عالم الشعر. وفي السياق نفسه كان الشاعر الأموي ذو الرُّمَّة يدعو على نفسه بأن يقطع الله لسانه إذا فقد القدرة على التشبيه، وكذلك حسان بن ثابت الذي طلب من ابنه أن يصف له طائراً جميلاً، فلّما وصفه وأجاد الوصف أقسم بأنّ ما قاله

ابنه هو الشعر عينه، وقد أكّد دارسو الشعر العلاقة الوثيقة بين الشعر والتصوير، بداية من أرسطو الذي يقارن بين الشاعر والمصوّر، إذ يرى أنّ الشعر صورة ناطقة أو رسم ناطق، وأنّ الرسم والتصوير شعر صامت، وقد بقي هذا المعنى راسخاً في كتابات العديدَ من الكتاب والنقّاد المهتمين بموضوع الصورة، وهو ما جعلهم يساوون بين الاستعارات الشعرية التي يوظفها الشاعر، والألوان التي يستخدمها الرسّام، لذلك رسخ لدى الجميع أنّ الصورة كانت ولا تزال الجوهر الثابت للشعر، ووسيلته الضرورية في الكشف عن خفايا الإبداع الشعري، "فاللغة الشعرية لغة تصويرية في المقام الأول، والقدرة على التصوير هي التي تفرّق بين شاعر وآخر"، ولم يكن هذا الأمر غائباً عن النقاد العرب القدامى، فهذا ابن طباطبا العلوي في كتابه "عيار الشعر"، يرى أن الشاعر مثل النسّاج والنقّاش في عمله، يقول في هذا السياق: "ويكون كالنسّاج الحاذق الذي يزيّن وشيه بأحسن زينة، ويسديه وينيره ولا يهلهل شيئاً منه فيشينه، وكالنقاش الدّقيق الذي يضع الأصباغ في أحسن تقاسيم نقشه"، فالشاعر إذنْ نسّاج ينسج بالكلمات ونقاش يرسم ويلوّن بالألفاظ، وقد شبه قدامة بن جعفر مادّة الشعر بأنّها "مثل الخشب للنجارة والفضّة للصّياغة"، وقد أدلى الجاحظ بدلوه في المسألة، وكان له تحديد دقيق حول ماهية الشعر، الذي يقوم عنده على ركيزتين أساسيتين هما: النّسج والتصوير؛ يقول في ذلك: "الشعر ضرب من النسيج وجنس من التصوير"، فالمعيار الأول لتصنيف

الشعر هو جودة نسجه وجمال صوره، أمّا المعاني عند الجاحظ فهي مطروحة في الطريق.

وقد تطوّر مفهوم الصورة الشعرية في القرن الخامس للهجرة، على يد واحد من أهم أعلام البلاغة العربية؛ هو عبد القاهر الجرجاني، وذلك عن طريق معالجته للنصوص الشعرية في كتابيْه: "دلائل الإعجاز" و"أسرار البلاغة"، وقد حافظ على الكثير من المفاهيم التي ابتكرها أسلافه، فإبداع الشاعر عنده يضاهي تماماً عمل النسّاج والصّباغ في آن واحد، يقول في ذلك: "إنما سبيل هذه المعاني سبيل الأصباغ التي تعمل منها الصّور والنقوش، فكما أنّك ترى الرّجل قد يهتدي في الأصباغ التي عمل منها الصّورة والنّقش في ثوبه، إلى ضرب من التخيير والتدبّر في أنفس الأصباغ، وفي مواقعها ومقاديرها وكيفيّة مزجه لها وترتيبه إيّاها، إلى ما لم يهتد إليه صاحبه، فجاء نقشه من أجل ذلك أعجب وصورته أغرب، كذلك حال الكاتب والشاعر في توخيهما معاني النّحو.

فالفرق بين شاعر وشاعر هو الفرق في الصياغة والتصوير، أي في النظم، ذلك النظم الذي يتوخى معاني النحو، وقد كان الجرجاني دقيقاً في تحديده، إذ إنّه ذكر أنّ المعاني المقصودة هي المعاني الخاصّة بالقواعد التي ينبني عليها النظام اللغوي، وهذه المعاني هي التي ستُنتج فيما بعد المعنى اللغوي العام، فالجرجاني هنا يمزج بين الشكل والمضمون ويضعهما في خانة

واحدة، فصياغة النص الشعري خاضعة لإطار شامل، يمكّن المبدع من البرهنة على قدراته في تشكيل النصوص الجميلة، ويطور مفهوم الصورة الشعرية. وتزداد أركانها وضوحاً مع حازم القرطاجنّي، فينتصر للخيال الشعري ويتخلّى نهائيّاً عن مسألة الصدق والكذب، والخيال هو أحد أهم ركائز الصورة الشعرية، فينتقل بنا من موقع الباث إلى موقع المتقبّل، ويتضح ذلك من خلال تعريفه للشعر، فالشعر عنده هو: "الكلام الموزون المقفّى، الذي من شأنه أن يحبب إلى النفس ما قصد تحبيبه إليها، ويكرّه إليها ما قصد تكريهه، لتحمل بذلك على طلبه أو الهروب منه، بما يتضمّن من حسن تخييل ومحاكاة مستقلة بنفسها".

ومن خلال هذه الإطلالة على مفهوم الصورة عند العرب القدامى، ولا سيّما البلاغيين منهم، نستنتج أنّهم اهتموا بالشكل الخارجي للصورة وجوانبها البيانيّة، دون أن يغفلوا عن فرادتها، بصفتها حادثة ذهنيّة مرتبطة بالإحساس الذي يستبدّ بالشاعر لحظة الانفعال بالتجارب، وهو يحاول أن يرسم هذا الانفعال، وأن يوصله إلى الملتقي عن طريق الصياغة اللغوية الفنيّة، مكتملة الملامح، وهنا ارتأينا تقديم نماذج من الصور الشعرية الواردة في أشعار القدماء؛ بداية من العصر الجاهلي، بمختلف أصنافها وتلويناتها البيانية، من تشبيهات واستعارات وكنايات، وذلك في مختلف الأغراض الشعرية، مروراً بالعصر الإسلامي الأوّل، أي شعراء الحجاز في القرن الأول للهجرة،

وسوف نورد أمثلة من شعر الغزل عند الأحوص وعمر بن أبي ربيعة، فالعصر العباسي وما تضمنه من تجديد في الأشكال الشعرية والمضامين، وما ارتسم من عمق وجمال.

ومن النماذج المعبرة عن براعة الشاعر الجاهلي، في رسم ملامح الصورة القائمة على التشبيه؛ قول زهير بن أبي سلمى في وصف الأحمرة الوحشيّة:

ثلاث كأقواس السَّــرَاء ومسحل

قد اخضرّ من لسّ الغمير جحافلهْ

لقد توسّطت أداة التشبيه هنا المشبه والمشبه به، أي الأحمرة الوحشية الثلاث وأقواس السراء، وهي صورة فيها تماثل كبير بين طرفي التشبيه، وهذا يبرهن على براعة الشاعر الفنيّة في الاهتداء إلى العلاقات بين العناصر التي يقع عليها بصره في الواقع، فيقوم بوصفها وصفاً دقيقاً طريفاً، يقرّب صورتها من المتلقي، الذي يجد أثر البيئة واضحاً، ذلك أنّ الشاعر شبّه الأحمرة الثلاث في الهزال وانحناء الظهر، بالقسيّ المصنوعة من شجر السَّرَاء.

ومن صور الغزل نورد هذا البيت لكعب بن زهير، يصف فيه امرأة حسناء مشبهاً حسن قوامها بغصن البان، وإن كان هذا الأمر مألوفاً في الذائقة الشعرية العربيّة القديمة، يقول في ذلك:

وإذ هِي كغصن البان خفّاقة الحشــا

يروعــك منهــا حســن دلّ وطيبها

فالشاعر هنا يؤكد جمال هذه الصفات الحسيّة والمعنوية للمرأة، فهي ضامرة خفاقة الحشا، وكلامها حسن، وطيبها يعجب العاشق ويروعه. وفي سياق آخر يتحدث كعب بن زهير عن سعاد، وعن تمنّعها وعن وعودها الكاذبة بالوصل وعهودها الوهميّة:

وما تمسّكُ بالوصل الذي زعَمَتْ

إلّا كما تُمسِــك المــاءَ الغرابيلُ

فصياغته لهذه الصورة الشعرية، لا تخلو من تفرّد وبراعة، فهو يوظف أساليب لغوية تكشف حقيقة هذه المرأة، فهي متعوّدة على نقض العهود تماماً مثل الغربال الذي لا يحتفظ بالماء.

أمّا الصورة الشعرية القائمة على الاستعارة، فقد كانت متواترة بكثرة في أشعار القدماء ولا سيما الجاهليين منهم، يقول زهير في شكوى مصائبه:

يــا دهــرُ قــد أكثــرتَ فجعتنــا

بسَــراتِنا وقرعْــتَ فــي العظمِ

وســلبْتَنا مــا لســت مُعقبَــه

يــا دهرُ مــا أنصفتَ فــي الحكمِ

فالشاعر هنا يخاطب الدّهر وكأنّه إنسان، بأسلوب دالّ على العجز المطلق الممزوج بشعور القهر، إذ نكب قبيلة الشاعر في سادتها.

ومن صور الكناية في الشعر القديم، نورد هذا البيت لأوس بن حجر، يمدح فيه أحد الكرماء؛ يقول:

كثيرُ رماد القِــدْر غير ملعّن

ولا مُؤيِسٍ منها إذا هو أخمدا

فكثرة الرماد تحيل حتماً على كثرة إشعال النار، وإضافة الرماد إلى القدر تشير إلى كثرة الطبخ، وهذا دليل على كرم الممدوح وهي نتيجة نصل إليها عبر البنية العميقة.

أما في القرن الأول للهجرة، فقد تطوّرت الصورة الشعرية، خصوصاً في غرض الغزل، نظراً لما عرفته الحياة الاجتماعيّة من تطوّر، خصوصاً في المدن، حيث مال الناس إلى حياة الاستقرار والدّعة والرّفاه، وانتشرت مجالس الغناء، وهذا التطوّر في نمط الحياة رافقه تطوّر في القصيدة، وفي صياغة الصورة وبناء عناصرها. وفي هذا المجال نورد أمثلة من شعر الغزل، مثل ما نظمه عمر بن أبي ربيعة:

ولها أثيــثٌ كالكــروم مذيّلٌ

حَسَــنُ الغدائر حالكٌ مضفورُ

فهو يستقي صوره من النباتات التي تحيط به ويجعلها مصدراً لها، فيجعل شعر حبيبته مشبهاً بعناقيد الكرمة. ويواصل تصوير مظاهر الفتنة والجمال في المرأة التي يحبّها، مركزاً على ثغرها الذي استأثر بنصيب وافر من الاهتمام والعناية والوصف؛ ذاكراً كل عناصره ومكوّناته، من شفاه وأسنان ورضاب، فيصورّه في هيئة زهرة الأقحوان المشهورة ببياضها وجمالها، أما ريق الحبيبة فعبارة عن ماء الأزهار والعنبر والزنجبيل والرند والزعفران، إنها غادة حسناء طيبة رائحتها، يقول الشاعر:

شجّتْ بماءِ سحابٍ زلّ عن رَصَفٍ

مــن ماءِ أزهرَ لــم يُخلَط به كدرُ

والعنبرُ الأكلفُ المسحوق خالَطَه

والزّنجبيــلُ ورند هاجَه السّــحَرُ

فالشاعر هنا يستمدّ صوره الغزلية من البيئة الصحراوية الجميلة، بصفتها معيناً لا ينضب للجمال، بما تحتوي عليه من طيور وواحات ومشاهد مبهجة، حوّلها الشاعر إلى صور شعرية جميلة، فها هو يشبّه مشية الحبيبة وهي تتهادى بين صويحباتها بمشية البقر؛ يقول:

بيضاً حِســاناً خرائــداً قُطُفاً

يَمشــينَ هوْنــاً كمشــيَةِ البَقــرِ

ويواصل الشاعر حشد الصور الشعرية الغزليّة، متحدّثاً عن جيد الحبيبة مشبهاً إياه بجيد الغزال، فهو لم يترك شيئاً من مواطن الجمال فيها إلَّا أخرجه في صياغة شعرية.

أما في العصر العباسي، فقد عرفت الصورة الشعرية نقلة كبيرة على مستوى طرائق الصياغة وثراء الخيال، ولنا في خمريات أبي نواس مثال واضح على ذلك، فالناظر في شعره ينتبه إلى كثافة الألوان في صوره الشعرية، التي وردت مفعمة بالألوان والروائح والصّور البهيجة المستمدّة بالأساس من الطبيعة العراقيّة، ومن الحياة المترفة التي عاشها العرب زمن الدولة العباسيّة، ومن الآداب التي اطّلع عليها العرب بفضل ازدهار حركة الترجمة والتثاقف بين العرب وغيرهم من الأقوام الذين اعتنقوا الإسلام. وقد ابتدع الشعراء المولّدون خصوصاً صوراً نابضة بالحياة والنور، بعيدة عن التكلّف والصنعة، من ذلك قول بشّار متغزّلاً:

وغـــادةٍ ســـوداءَ بــرّاقــةٍ

كالمـــاء فـــي طيــبٍ وفــي لِينِ

كأنّهـــا صيغـتْ لمـــن نالهـــا

مـــن عنبـــرٍ بالمســـك معجـــونِ

فهو يكثّف التشابيه للحبيبة الغادة التي فتنته، في لغة سلسة وصور عناصرها طبيعيّة مأخوذة من البيئة العراقيّة.

وفي السياق نفسه تقريباً، نورد نماذج من الصور الشعرية لابن الرومي، وهو من شعراء التجديد في الطور العباسي الأول، عرف ببراعته في الوصف وبميله للوضوح في الصياغة والتصوير، فالسمة التي كان ينفرد بها هذا الرجل، هي أنّه كان لا يعير اهتماماً كبيراً للألفاظ وطرائق التعبير، بقدر ما كان يهتمّ بالمعنى العميق، كل ذلك في سبيل بناء صورة شعرية صادقة ومعبّرة، وقد أجاد التصوير إجادة لم يسبقه إليها أحد، وبرع في الكثير من الأغراض، ولا سيما الرثاء والهجاء. وهو أوّل شاعر يسهب في وصف حياة الناس اليوميّة، فتحدّث بالتفصيل عن أنواع الفاكهة، فوصف العنب والمشمش والرمّان، ووصف المأكولات من سمك وبيض ودجاج وغيرها، فابن الرومي إذن هو شاعر مجدّد بكل ما في التجديد من معان، وتتجسّد شاعريته وقدرته على التصوير في وصف الطبيعة، حيث إنّه برهن على امتلاكه لناصية الشعر من خلال تصويره للرياض والحقول والأنهار والأزهار، مستفيداً من خياله الخصب وإحساسه المرهف، ومن الأمثلة على ذلك وصفه لروضة غنّاء؛ يقول في ذلك:

ورياضٍ تخايلُ الأرض فيها
خـيـلاءَ الـفـتـاة فـي الأبــرادِ
ذات وشـيٍ تناسجتْه سوارٍ
لـبـقـاتٌ بـحـوْكـه وغَــوَادِ

شكرتْ نعمة الولي على الوسْـ

ـمِـيِّ ثمّ العِهاد بعـد العِهادِ

فهذه الحديقة تبدو مختالة مزهوّة، مثل فتاة تزيّنت بأجمل لباسها، وما زاد من حسنها؛ هي غيوم الصباح وما حملته من أمطار الولي والوسمي.

أما صوره الشعرية في غرض المدح، فلم تخْلُ أيضاً من العمق والجمال؛ يقول في مدح أحد الوجهاء:

وكـأنّـمـا إشـراقُـه وسمـاحُـه

إغداقُ مشـتـاهُ وصحـوُ مَصِيفِهِ

وتـرى لـه نعمـاً كجـوٍّ ربيعه

وكروضـهِ وكطيّبـاتِ خريفِـه

والمهم هنا أنّ الصورة الشعرية في المدح، قد خرجت عند ابن الرومي عن المألوف، فمصادر التصوير امتزج فيها الحسي بالمجرّد، وظهر أثر الخيال وعمق الفكرة بعيداً عن التصنّع البلاغي والتكلف في التعبير.

وعموماً، فقد عرفت الصورة الشعرية في شعر ابن الرومي تطوّراً ملحوظاً، ظهر في كل الأغراض التي طرقها، وهذا التطوّر كان على صعيد مصادر التصوير التي كان أغلبها يميل إلى التجريد، فكانت صوره تنبض بالعواطف وتشخّص المشاهد في لوحات حيّة مليئة بالحركة والحياة.

تطور الصورة الشعرية في الشعر الأندلسي:

يعدّ الشّعر الأندلسي بمختلف أغراضه ومواضيعه، شاهداً على ما عرفته القصيدة العربيّة من تطوّر على جميع المستويات، سواء في بنيتها أو في مضامينها، ويعود ذلك لجملة من العوامل، لعلّ أهمها الطبيعة الغنّاء التي كانت تميّز الأندلس، وكذلك الإرث الحضاري العريق لتلك البلاد، والذي ازداد ثراء بتلاقحه مع حضارة العرب، وكل هذه العناصر تآلفت معاً لتؤثر في الجوانب الثقافية والإبداع الأدبي، وكان للصورة الشعرية نصيب من هذا التطوّر؛ بمختلف وجوهها البيانيّة، من صور مبنية على التشبيه أو الاستعارة أو الكناية، فما ملامح هذه الصورة؟ وما طرائق صياغتها؟

يقول الشاعر الأندلسي ابن خفاجة في وصف حصان أشقر:

من جلّنارٍ ناضرٍ خدُّه

وأُذْنُه من ورق الآسِ

ووجه الشبه هنا بين خدّ الحصان والجلنار، هو اللين والطراوة، أما أذنه فهي كورق الآس، وهذا ضرب من التناسب والتماثل بين طرفي التشبيه، فهناك نظرة فنيّة تكامليّة لدى الشاعر، مكّنتْه من الاهتداء إلى هذه الصّورة الطريفة، التي ينبع جمالها من اللفظ والمعنى معاً.

وفي صورة أخرى يقول ابن حمديس واصفاً حمامة:

وناطقـــةٍ بالراء ســـجعاً مـــردّدَا

كحُســـن خريرٍ من تكسّر جدولِ

مغرّدة في القضب تحسب جيدَها

مقلّدَ طــوقٍ بالجُمـــان المفصّلِ

وقد أبدع الشاعر هنا في جمع عناصر هذه الصورة، والتوحيد بينها في براعة فنيّة، تمنح النصّ رونقاً فريداً.

ويتضح التفاعل بين جمال الطبيعة وبراعة الشاعر في التصوير أكثر فأكثر، فتتحول إلى مصدر إلهام وقادح قويّ لإطلاق العنان لملكة الإبداع. يصف الشاعر الأندلسي أبو الحسن بن سعد البليستي جدولاً ينساب في الحقول، وقد تأثر بروعة المشهد وحوله إلى لوحة شعرية، تزخر بحشد من العناصر الجميلة، المتناغم بعضها مع بعض؛ فيقول:

ضاقتْ مجـــاري جفنِهِ عن دمعه

فـتـفـتّـحـتْ أضــلاعُــه أجـفـانَـا

فطبيعة الأندلس الغنّاء، قد ألهمت خيال الشاعر، ونقصد مشهد الساقية التي جعلته يجري لاهياً وراءها، هكذا هي الصورة عند شعراء الأندلس في وصفهم، فنحن نبصرها بالعين ونقرأ صفاتها في الشعر، وبذلك تشكلت قصائدهم وفق مسار فنّي تتعاضد فيه الألفاظ والتراكيب، لتحوّل الأندلس إلى معرض

للجمال ومتنزه للفرجة والمتعة، وجنّة للسرور والإلهام، أمّا الشاعر فيتحول بدوره إلى رسّام ملمّ بأسرار فنّ الرسم، ولكنّه رسم بالكلمات، وبراعة في استخدام الألوان والأبعاد والأشكال والخطوط.

ومن خلال النماذج التي أوردناها من الشعر الأندلسي، وقفنا على جملة من الملاحظات، لعلّ أهمها ثراء هذا الشعر بالصّور التي تتسم بالحركيّة والجمال والسّحر الأخّاذ، النابع من جمال طبيعة الأندلس، التي حباها الله تعالى بصفات تفتّقت لها قرائح الشعراء، فأبدعوا في ابتكار الصور القائمة على التشخيص والتجسيم، إضافة إلى استخدام ألوان البيان من تشبيه واستعارة وكناية وغيرها، وهكذا انفتحت الصورة الشعرية الأندلسية على عوالم وآفاق متجدّدة، اتّسمت بالفرادة والخصوصيّة، أبْرزَتْها الحضارة الأندلسيّة الممتزجة مع أخيلة الشعراء، الذين مثلوا لحظة مفصليّة في تاريخ الشعر العربي.

الصورة الشعرية عند المحدثين:

يتضمّن مفهوم الصورة الشعرية عند العرب المحدثين، كل الأدوات التعبيرية، مما جرت العادة في دراسته ضمن علم البيان والبديع والمعاني والعروض وغيرها من وسائل التعبير الفنّي، ولم يعُدْ مفهوم الصّورة الشعرية في النقد العربي الحديث

مقتصراً على الجانب البلاغي، بل اتسع وامتدّ ليشمل الجانب الشعوري الوجداني.

وقد تباين النقّاد العرب المحدثون في نظرتهم لمفهوم الصورة الشعرية، ولكنهم اتفقوا على كونها لا تنحصر في التشابيه والاستعارات وسواها من ضروب المجازات، ولكنها كل صورة توحي بأكثر من معناها الظاهر، ولو جاءت منقولة عن الواقع، وأجمعوا على أنّ الصورة الشعرية الجيدة هي الصورة القوية المعبرة عن إحساس الشاعر الصّادق، والتي تنقل ذلك الإحساس إلى المتلقي فيتفاعل معها وينفعل بها، بصفتها وسيطاً فنيّاً، يجسّد به الشاعر تجربته ويمنحها المعنى والنظام والنجاعة، والصورة الشعرية ليست ترفاً لفظيّاً أو زخرفاً، بل هي وسيلة ينقل بها المبدع أفكاره وعواطفه فوظيفتها هي أن تجعلنا نرى الأشياء وفق منظور جديد وعلاقات جديدة ووعي يتلاءم مع قضايا الراهن.

التّشخيص:

لئن كان التشخيص وجهاً من وجوه الاستعمالات الاستعاريّة، التي سجلت حضورها في القصيدة القديمة، فإنه أصبح منذ ظهور التيار الرومنطيقي ميزة تَسِم الصورة الشعريّة، فهذا ميخائيل نعيمة يخاطب النهر فيقول:

يا نهرُ هل نضبت مياهُكَ

فانقطعتَ عن الخريرْ؟

أم قد هرمتَ وخار عزمكَ

فانثنيتَ عن المسيرْ؟

بالأمس كنت مرنّماً بين الحدائق والزهورْ

تتلو على الدنيا وما فيها

أحاديثَ الدّهورْ

ويتواصل الخطاب مشخّصاً النهر، جاعلاً إياه الخلّ الذي يلجأ إليه الشاعر ليبثّه لواعج نفسه، ثمّ يتحد المخاطب والمخاطَب فيضحيان ذاتاً واحدةً، تتفاعل مع ما حولها وتفصح عن هواجسها.

وقد شكّل التيار الرومنطيقيّ القاعدة التي انطلق منها الشعراء ليوسّعوا أفق التشخيص، فأنطقوا الجماد والطبيعة حيناً، ووجهوا لها الخطاب أحياناً أخرى، ولنُصْغِ إلى الشاعر عادل الزهراني حين يتحدّث عن فنجان وكؤوس، إذ يقول:

فنجانها.. ما زال يغلي حائرا..

ما أحزنَهْ..

ويذهب عارف الساعدي إلى تشخيص العمر، فيختار لقصيدة له عنوان أغنية فوق جسر الأربعين، وتفيض قصيدته بمعجم الماء الذي ينسجم مع الجسر الذي اختاره لنهر الأربعين فيقول:

مـــا إن كتبت النهر في دفتري

حتى جرى الماء بكلّ اتجـاهْ

وحـيـنـمـا حـاولـت إيـقـافـه

تكسّـرت في دفـتـري ضـفّـتـاه

وحينمـا الأنهـار فـي كفّه

تجري ويجري العمر فوق المياه

تختلط الأشـيـاء فـي بعضها

ويختفي الطفل الذي لـن يراه

ويتواتر استعمال التشخيص عند الشعراء، وتتنوّع طرائق استعماله وتتنافس الصّور في طرافتها، فهذا الشاعر محمد البريكي:

وصلْتُ فقالت لي شناشيلُها الأُوَلْ:

وصلتَ أخيراً؟ قلتُ: أوّل من وصلْ

فقالت: ثلاثٌ؟ هل ستكفيكَ كي ترى

فصولاً من التاريخ؟ قلتُ لها: أجلْ

فالشّاعر يتواصل مع الشناشيل التي تختزل تراث العراق المعماريّ، ويقيم حواراً بينه وبينها، يتجاوز فيه المعمار كونه جماداً، ليصبح عنواناً للأخوّة البغداديّة، التي تحيا بوصول الزائر إليها وترنو إلى وصال دائم ومستمرّ.

وأمّا فاطمة القرني، فقد بعثت روحاً في الصّبر حيناً، وفي ضفيرة شعرها حيناً آخر حين أنشدت:

أمّـــاه يـــا أمـــن أيامي ويا ســـكني

ضمّي شتاتي.. أجل.. قد خانني صبري

عودي معـــي.. فصّلي للجمع قصّتنا

مع العنـــاد.. عنادي الجامح الفطري

أيـــن الضفائـــر يـــا أمّاه؟ أحســـبها

تبكيك شـــوقاً وتبكيني مـــن الغدر!

فالصّبر يخون صاحبته ويتركها وحيدة تواجه روعاتها، وتبحث عن الأمان في حضن والدتها، والضّفائر تبكي شوقاً وأسفاً، شوقاً لأيام الصّبا التي كانت، وأسفاً على الرفيقة التي غدرت بها حين تخلّصت منها.

والطريف فيما يفعله الشعراء في هذا المضمار، هو قدرتهم على التخييل وعلى الولوج إلى عالم الأشياء والمخلوقات من حولهم، وتخيّل ما يمكن أن تشعر به لو كانت بشراً، وتعبيرهم عن ذلك في صور تكشف عن رهافة حسّهم وانتباههم لدقائق الأمور التي تحيط بهم.

التضادّ:

استعمل الشّاعر القديم التضاد ممثّلاً في الطباقات والمقابلات، ولكنّه مثلما رأينا كان يستقي مكوّنات الصورة من الطبيعة والموجودات حوله، ومع تعقّد الحياة المعاصرة وازدهار الفلسفة

والعلوم، تطوّرت الصور المألوفة (ليلنهار، خيرشرّ...) واصطبغت بلون العصر، فتعدّت الكلمة إلى ما توحي به من معان، على أساسها تُبنى علاقات التضادّ، من ذلك ما قاله البياتي في قصيدته "إلى جواد سليم":

الموت في الميلاد
والخريف في الربيع
والماء في السراب

فصورة الميلاد مع ما يصحبها من معاني البهجة والفرح، تتحوّل إلى نقيضها، إذ جعلها الشاعر لحظة موت بما يعنيه من حزن وألم وانفطار قلوب، والربيع الذي هو عنوان الخصب والحياة وإشراقة الألوان، يصبح باهتاً، إذ يجتاحه الخريف باصفرار ألوانه وإعلانه انعدام الحياة.

وهكذا، تتشظّى الصور في ذهن المتلقّي، ويتمثلها في بناء خاصّ به، بطريقة تجعل القارئ عنصراً فاعلاً في القصيدة، متفاعلاً معها، وتتدرّج مستويات تمثّل الصورة وفق مستويات المتلقّين، فالصّور تقوم على الانزياح والخروج عن المألوف، مما يكسبها شعريّتها ويرسّخها في الأذهان.

ومنها أيضاً ما أنشده السيّاب عندما قال:

يا فجر الصيف إذا بردا
يا دفء شتائي.. يا قُبَلًا أتمناها

أحيا منها.. أموت بها.. وأضمّ الأمس

أمَسُّ غدا

ففي قصيدته هذه (حنين إلى روما)، يلجأ الشاعر إلى هذه المتضادّات التي تتضافر فتبني صورة طريفة خارجة عن المألوف والعاديّ، رغم ارتكازها على ألفاظ بسيطة غير متعالية على جمهور المتلقّين.

وتتواتر مثل هذه الصّور التي يكون التضاد قوامها في قصائد لا تحصى، يعمل فيها الشعراء على تكثيف الصورة وصناعة مشاهد بصريّة بديلة عن التصوير المجازيّ، وبنائها بشكل يجذب القارئ ويقحمه في عوالم القصيدة.

يلتقط المبدع التّناقض في المفردات ويعبّر عنها باستخدام اللغة البسيطة والمتداولة، لكنها ممتنعة عن البوح المباشر بمعانيها.

التشبيه:

ظلّ التشبيه حاضراً في القصيدة العربيّة، وقد كان أداة من أدوات تقريب المعنى وإيضاحه، وهو ليس مجرد علاقة تبنى بين شيئين لاشتراك في وجه شبه محسوس، وإنّما يتعدّاها إلى ما بينهما من تشابه وجداني فـــ"ما ابتدع التشبيه لرسم الأشكال والألوان، فإنّ الناس جميعاً يرون الأشكال والألوان محسوسة

بذاتها كما تراها، وإنّما ابتدع لنقل الشعور بهذه الشكال والألوان من نفس إلى نفس، وبقوّة الشعور وتيقظه وعمقه واتّساع مداه، ونفاذه إلى صميم الأشياء يمتاز الشاعر على سواه" (عباس محمود العقّاد، إبراهيم عبد القادر المازني، الدّيوان، ط 4، 1997، ص 21).

فلنستمع إلى نزار قباني عندما يقول:

عينـــاك ليـــال صيفيّهْ

ورؤى وقصائد ورديّهْ

ورســـائل حـــبّ هاربةٌ

من كتب الشوق المنسيّهْ

فالمسافة بين طرفي التشبيه ازدادت بعداً ولم يعد من السهل على المتلقي استخراج وجه الشبه بيسر، فينبري يطارده في معاني الدوالّ التي استعملها الشاعر. إذ يستند التشبيه إلى الإيحاء والتخييل، لا إلى الحواس، وهو يكشف عن إدراك متعدّد لمستويات من العالم على نحو له خصوصيته وآلياته، إنه البحث عن الجديد والمغامر في الأشياء.

ومن الصّور القائمة على التشبيه بغير المحسوس ما قاله أبو القاسم الشابي:

خُلقــتَ طليقاً كطيف النســيم

وحرّاً كنور الضّحى في سماهْ

تغــرّد كالطّيــر أيــن اندفعت

وتشدو بما شـــاء وحي الإلـهْ

التشبيه الذي عقده الشاعر هو أداة إيحائيّة، تخبر في الواقع بالحريّة التي يطلبها للإنسان، لذلك تجاوز العلاقة الظاهرة السطحية إلى علاقة مشابهة مضمرة خفيّة، يبذل القارئ جهداً لاستخراجها من متن النصّ.

لقد انطلقت قرائح الشّعراء لتبحث لها عن علاقات مشابهة غير التي عهدناها في الشّعر القديم، فنجد أنفسنا نطارد المعنى المراد ونرنو إلى استخراج أوجه الشبه، وينتج النصّ الشعري الواحد نصوصاً نقديّة تؤكّد نظريّة موت الكاتب، التي فتحت المجال عريضاً لتعدّد القراءات للنصّ الواحد وتوسيع نطاق محاولات فهمه.

التركيز والتكثيف:

تفاعل الشّعراء مع طابع العصر ومقتضياته، فاختصروا مدى القصيدة وذلك ما ألجأهم إلى تركيز الصّور وتكثيفها، فتأتي القصيدة مكتنزة بالدلالات والصور التي يجنّد الشاعر في بنائها طاقاته التخييليّة واللغويّة، فلم يعد القارئ يستمتع برفاه وضوح الصورة الذي توفّره له القصيدة القديمة.

فلنصْغِ إلى الشاعر محمد الغزي يقول:

كم قلتُ: سأغمض يا أبتِ القلب فلا يصبو
وأصدّ النفس فلا تُغوَى
لكنّي حين أرى الأرض وزخرفها
تخذلني ريحي
وأقرّ بأنّي لا أقوى

هذا النصّ هو كلّ القصيدة، وقصرها يضطر الشّاعر إلى جعلها مركزّة مكتفية بالإيماءة السريعة، متجاوزة التّفاصيل ممّا يفتح باب التأويل والاستنباط.

ومن أضرب هذه الخاصية أيضاً، ما قالته الشّاعرة عائشة الشامسي حين أنشدت:

قد جئت سطراً في الفضاء وحرفه
ألــف تميــل وميلهــا اســتعلاء
شــطّرتُ ذاتي فاســتويت فراشةً
فهويت نحو النــور حين أضاءُوا
ولمســتُ جمعي والجســوم تفرّد
ورجعــت لا فــرد ولا جمعــاء
فــكأنّ جمعــي مفــرد وكأنّنــي
نــور فــلا أبقــى ولا أشــلاء

الصّور كما نرى مكثّفة، تحتاج كلّ واحدة منها؛ وقفة للتأمّل والإدراك والفهم والتأويل، فهي كزخّات تأتي محمّلة بالصور الثانويّة، التي تتفرّع عنها، ويجتهد القارئ لتحليل مكوّناتها وفهم مدلولاتها. وهي صور غير مألوفة تمتلئ بالأجواء العجائبيّة التي تفيض بها أبيات القصائد وأسطرها.

والحقيقة أنّ هذه الصور قد نهلت من بقية الفنون البصريّة على غرار السينما، وعاضدتها الصور التي يرفقها الشعراء بالدواوين لتقريب المعاني من أذهان القرّاء. ولكنّ الخصائص التي ذكرنا امتحان لم ينجح فيه الكثير من شعرائنا إذ أخلّوا ببنائها، ممّا أضرّ بشعريّة القصيدة الحديثة.

يبدو من جميع ما سبق، أنّ حضور الصّورة الشعريّة في القصيدة العربيّة، قد عرف تطوّراً واكب حركة التاريخ في أدقّ جزئياته ومختلف مراحله، فتلوّنت بألوانها وتفاعلت معها ومع المحيط الطبيعي والواقع الحضاري والنفسي.

وقد أردنا من هذه المداخلة، أن تعطي فكرة عامة حول مفهوم الصورة الشعرية ورصد أبرز تحوّلاتها بين القديم والحديث، دون إطناب في التفاصيل، التي لا يسمح مقامنا هذا بالخوض فيها، لذلك اكتفينا بنماذج من شعر كلّ فترة.

تطوّر المستوى الصرفي
في لغة الشعر العربي

محمد العثمان

تمهيد نظري: علاقة الصرف واللغة بالشعر العربي

ظل الشعر العربي على مدار قرون عديدة، يلعب دوراً مهماً في الحفاظ على اللغة العربية وتطوير أساليبها وإثرائها ومدِّها بألفاظ وصورٍ توسع معانيها ومبانيها؛ وما فتئ الشعراء عن تقديم مهاراتهم اللغوية والأسلوبية الرصينة، التي تشاكل عظمة هذه اللغة وتساهم في إظهار رونقها العالي؛ لكن ذلك لم يمنع بعض المغامرين من محاولة التجديد في اللغة عن طريق الاشتقاق والنحت والتوليد، مما انعكس بشكل إيجابي على حركة التطور اللغوية، لما تمتلكه العربية من حيوية وقدرة على الامتصاص؛ وقد حفلت العديد من القصائد بهذه المحاولات على مر العصور السابقة.

وبناء على ذلك بقي الشعر من أكثر الوسائل التي حافظت على اللغة العربية بعد القرآن الكريم.

ضمن هذا السياق قد يسأل سائل: هل كانت وظيفة الشعر في المحافظة على اللغة العربية وتطويرها؟ وهل بقيت رسالة الشعر التي قام عليها في الأساس بريئة؟ بالأخص حين نربط هذا بذاك...! المؤكد أن جذور وظيفة الشعر تمتد إلى عمق الثقافة والحضارة، وتختلف هذه الوظيفة بحسب العصور والثقافات، ولا يمكن أن يكون الحامل الرئيس للشعر بعيداً عن التأثر والتأثير في المكون الجوهري له... وحين نتبحر أكثر في هذا الجانب سوف تتعدد الإجابات انطلاقاً من إشكالية: عمَّ نبحث في الشعر؟ هل نبحث فيه عن المعارف العامة أم الحكمة، أم عن اللغة، أم التاريخ، أم الفن والجمال؟ وما العوامل المؤثرة في تحولات الوظيفة الشعرية وتبدلها في مختلف مراحل الشعر؟

بالنسبة لنا نرى أننا نستطيع البحث عن كل هذه الأمور، بعضها مع بعض؛ في الشعر بشكل خاص، والأدب على وجه العموم، ففاليري يقول: "ليس الأدب إلا امتداداً لبعض خصائص اللغة"، لكن الأجدى نفعاً هو دراسة كل واحدة من هذه الأمور على حدة، كما نفعل الآن ونقوم بدراسة أثر الشعر في اللغة.

لكن قبل الخوض في هذا التأثير يجب أن ندرك أن هذه اللغة قد تبلورت في مفرداتها وقواعدها النحوية والصرفية بشكل تلقائي قبل الإسلام بعدة قرون، لتجيء حركة تقعيد هذه اللغة في بداية عصر الإسلام، لنكون أمام جبل ثابت يعرقل كل محاولة للتجاوز أو التغيير.

مع الوقت ولّد هذا الأمر حركةً جديدة رفضت الخروج عن قواعد اللغة والاستشهاد بالشعر بعد 150 هجري؛ على الرغم من تلك الانتقادات الحادة التي وُجّهت قديماً إلى هذه الحركة؛ والتي سُميّت بـ"نظرية الاحتجاج اللغوي"؛ التي رفضت الاستشهاد بما تلا هذا الزمن من شعر، إمعاناً منها في الحفاظ على العربية الفصحى، وإلزام الشعراء بمستوىً لغويٍّ عالٍ، لا ينزلون عنه في أشعارهم، لكنَّ صرامة هذه النظرية، وافتقادها للمرونة، وإهمالها عامل التطور والتغير الدلالي بحسب العصر، أدى إلى انصراف كثير من الشعراء والنقاد عنها، بل المعجميين أنفسهم، كصاحب القاموس المحيط مثلاً، فبقي هذا الوضع بين مد وجزر سنوات طويلة؛ فتارة نجد من يقول "إن قصيدة بلا قواعد هي قصيدة رخوة لا تنفذ إلى عقل المتلقي وقلبه، ولا تحرك فيه عقلاً ولا وجداناً" وتارة نجد من يقول: يجب التفرقة والنظر جيداً في هذه التجاوزات، "فهناك مخالفة مقصودة لا تخلو من وجه يصلها بالمستقيم المطرد في حساب اللغة، ومخالفة لا وجه لها تكون بسبب ضعف الملكة"[1].

ونحن نرى أنه لولا تلك التجاوزات، لما توسعت اللغة وقدرت على استيعاب متغيرات الحياة ومفرداتها الجديدة، فما بقي عالقاً وثابتاً معمولاً به، هو التوليد المشغول بحرفية وأصول؛ مرجعيتها تعدد اللهجات والمصادر عند العرب وإدراك الشاعر، على جمالية هذا التجاوز وفاعليته.

لهذا كثير من الدراسات والتجاوزات الصرفية للغة عند العرب، ارتبطت باللغة الإبداعية كالشعر والنثر والخُطب... لما تتميز به اللغة العربية من ميزات وخصائص غير موجودة في أغلب لغات العالم، فقد ساعدت هذه الميزات على جعل مفرداتها أكثر حيوية وليونة في التأقلم مع أي تطوّر يصيب بنيتها، ويتميز الشعر العربي عن شعر الشعوب الأخرى، في دلالات اللغة من صرف ونحو، مع دلالات المعنى، وللغة الشعر عند العرب قدرة الإبداع في التعبير والإشارة كما للمعنى، وللغة الاقتدار على الإيحاء بما يحمله الصوت والحرف العربي من استيعاب كثير في الصور الفنية، وما تمتلكه الصيغ الصرفية من طاقات فعالة.

وعلم الصرف أو التصريف عُرف بأنه "علم بأصول تعرف بها أحوال أبنية الكلم التي ليست بإعراب" ويعنى بأبنية الكلم بصيغها وأوزانها المختلفة، بصرف النظر عما يعتري أواخرها من حركات إعرابية؛ كالرفع والنصب والخفض، فهو نظام يهتم بالكلمة وما يطرأ على أصواتها من تقليب، وما يلحق أصولها من زيادة، وما يمكن أن تؤديه هذه الزيادة من معانٍ إضافية.

لكن الغريب والملاحظ هو غياب نظرية المدارس الصرفية والنظرية الصرفية بصفة عامّة من التراث اللغوي العربي، ومن الدرس اللغوي الحديث، وقد يعود السبب إلى عدم فصل المسألة الصرفية عن علم النحو في التراث اللغوي العربي القديم، لأنّ النحو كان يتضمّن علمين اثنين هما: الصرف أوّلاً،

والإعراب ثانياً. أما اليوم، وتبعاً لمنهج التحليل اللساني الحديث، فقد استقل علم الصرف عن علم النحو، فاستأثر علم النحو بقضايا الإعراب وبناء الجملة، واختصّ علم الصرف بدراسة أحوال أبنية الكلمة المفردة. ولا علاقة بين هذا وذاك، فكلّ واحد منهما علم قائم بنفسه.

وللبنية الصرفية أهمية في العمل الإبداعي، ولها الأهمية نفسها في عملية نقد هذا العمل، لما يترتب عليه من آثار نطقية معبرة، وبهذا يكون عملاً هاماً في تنسيق البناء الفني العام للقصيدة.

وعلى هذا "فإن الخصوصية اللغوية التي تستدعيها طبيعة العمل الإبداعي الشعري، لا تعني بالضرورة الانعتاق من أسر مرجعية القاعدة اللغوية، بقدر ما تعني استثماراً خاصاً بالمنشئ للطاقات؛ ابتداء بالصوت ومروراً بالمعجم والبنية الصرفية، والتراكيب اللغوية النحوية الكامنة، وانتهاء بالعلاقات والقرائن النصية التي تتضافر في إنتاج أدبية النص[2].

ابن جني يرى في كتابه "الخصائص" أن الكثير من المسائل المتعلقة بلغة الشعر تساعد على التوسع في استيعاب الظواهر اللغوية، ووجوه التعبير فيها، وأكّد إيمانه بتطورها بصفتها ظاهرة اجتماعية، وقدم دراسات كانت ولا تزال لها فاعليتها في الثقافة اللغوية، والنشاط الفكري.

كما يرى تودروف أن اللغة بالنسبة إلى الأدب هي المبدأ، هي

نقطة انطلاقه ونقطة وصوله على السواء، واللغة تضفي على الأدب صيغتها المجردة كما تضفي عليه مادتها المحسوسة[3].

لا شك أن هناك علاقة وطيدة تربط علم الدلالة بعلم الصرف، وقد رأى أغلب النقاد أن الصرف هو من فواتح كل دراسة لغوية، فمن خلاله نستطيع التعرف على خصائص البُنى اللغوية التي تشكل الشعر، فالتركيز على دراسة بنية أي نص شعري من الناحية الصرفية، سيساعدنا على اكتشاف قدرات الشاعر اللغوية في التأثير على المتلقي[4].

أما عن دراسات الخطاب الشعري على الصعيد اللغوي، فهي تتناول محاوره المتعددة، من بينها الصوتية، والصرفية، والنحوية، والمعجمية، والدلالية، ويُعرف هذا التحليل بالدراسة الأسلوبية. ويهدف هذا النوع من الدراسات إلى استكشاف الهيكل البنائي للشعر وتطور تراكيبه، مع التركيز على التفاعل الذكي للقارئ مع الأبعاد الصرفية والمعجمية واللغوية للنص.

في حين تقوم هذه الدراسة بتسليط الضوء على أساليب تشكيل الشعر وتطوره من الناحية الصرفية، وتستكشف العمق الذي تحمله لغة الشعر من هذه الزاوية، وتبحث في جوانب أدبية، تُلقي الضوء على فنّ الشاعر في الاستفادة الصرفية من بعض المفردات.

وإن انتقائي لهذا الموضوع ينطلق من نقص الدراسات

الجامعية، التي تعنى بكافة المستويات اللغوية، إلا المستوى الصرفي، مما يبرز أهمية توجيه الضوء نحو هذا الجانب الدرسي في تحليل النصوص الشعرية.

أمثلة على مساهمات الصرف في تطور اللغة:

هناك أمثلة كثيرة وردت في الشعر العربي عن المساهمات التجديدية أو الابتكارية في التصريف ومساهمته في تطور اللغة، ومنها نذكر قول الشاعر طفيل الغنوي:

وبِالعُفـرِ دارٌ مِن جَميلَـةَ هَيَّجَت

سَـوالِفَ حُبٍّ في فُـؤادِكَ مُنصِبِ

تَـرى العَينُ ما تَهوى وَفيها زِيادَةٌ

مِنَ اليُمنِ إِذ تَبـدو وَمَلهىً لِملعَبِ

نلاحظ أن هذا الخطاب الشعري في البيتين السابقين يعد ضمن الإخباريات، وقد تنوعت صيغ الفعل في الخطاب بين الماضي والمضارع، وغلبت الجمل الإخبارية التقريرية على هذه الأبيات.

في قول الشاعر: ملهى؛ ملعب؛ مصدر ميمي استعمله الشاعر لوظيفة تواصلية تداولية حددها الأخفش بقوله: والملعب ههنا اللعب فيقول: فيها ملهى لمن أراد اللهو واللعب، فاستعمال

الشاعر صيغتي ملهى ملعب دون صيغة المصدر الأصلي لأهداف تداولية تتمثل في زيادة التعبير عن جمال هذه المرأة. والمصدر الميمي أقوى في التعبير؛ لأن زيادة المبنى تستدعي زيادة المعنى، وقوة الفعل الإنجازي تتضح بالعدول عن صيغة المصدر إلى استعمال صيغة المصدر الميمي، وصيغتا (ملهى، ملعب) من الممكن أن نعدهما اسمي مكان للدلالة على مكان اللهو واللعب، دلت على ذلك بنية الفعل (ترى) من الرؤية التي تحتاج إلى مكان؛ إذ تبدو هذه الأشياء وكأنها مكان للهو واللعب، فالتداولية تتطلب من المتلقي أن يعمل الذهن في فهم مراد المتكلم وقصده[5].

وهذا يعيدنا إلى التخييل الذي تحمله الجمل السابقة، والذي هو في الأصل حامل من حوامل الخطاب لدى المتلقي، يؤثث للحدث ويكون نتيجة له.

والحدث الإنجازي في لفظتي (ملهى، ملعب) أقوى دلالة من الحدث في صيغة المصدر (اللهو اللعب)؛ لأن صيغة المصدر الميمي؛ اسم المكان، تعطي قوة في الدلالة على اللهو واللعب مع تلك المرأة التي يتحدث عنها الشاعر، يتضح ذلك من خلال عناصر التداولية.

كذلك تدل عناصر المكان المتداولة في القصيدة السابقة على الحدث أيضاً، فهما كُلٌّ متماهٍ؛ يتداخلان لغويّاً وفعليّاً.

أما الحطيئة فإنه عندما هجا الزبرقان بن بدر، شَعر هذا أن

في الأمر حيلة؛ فعرض الأمر على الخليفة عمر بن الخطاب رضي الله عنه، الذي جمع له حسان بن ثابت ولبيد بن ربيعة ليحكما في هذه القضية؛ يقول الحطيئة:

دع المــكارم لا ترحــلْ لبغيتهــا

واقعد فإنك أنت الطاعم الكاســي

وحين سمع حسان هذا القول، رد: "لم يهجه ولكن سلح عليه" (أي تغوّط، كناية عن شدة الهجاء).. يبدو أن حسان قد فطن إلى موضوع "عمل اسم الفاعل لاسم المفعول"؛ وهو قليل، نستدل عليه من خلال السياق. وفعل الأمر (اقعد) شأنه شأن (دع) فعلٌ بحد ذاته أمر يراد به التحقير، لذلك جاءت (فأنت الطاعم الكاسي) على (أنت المطعوم المكسوّ)، وفي القرآن الكريم بعض الأمثلة، كما في قوله تعالى: "فهو في عيشة راضية" (الآية 7 من سورة القارعة)؛ يعني بها مرضية، و"ولا عاصمَ اليوم" بمعنى معصوم، ونعرف ذلك من خلال صحة استعمال الفعل المبني للمجهول: (عيش، عُصمَ)... فقال عمر: وكيف صح هذا التصريف، فقال حسان: قد تأتي كلمة اسم الفاعل في اللغة باسم المفعول، فرد عمر رضي الله عنه مستعجباً: وما برهانك؟ قال حسان: اقرأ سورة والضحى، فلما وصل إلى ووجدك عائلاً اسم فاعل، قال له حسان هي هنا بمعنى معولاً اسم مفعول، قال عمر رضي الله عنه: صدقت. وبعد حكم حسان أمر عمر أن يأتوا بالحطيئة فجعله في حفرة السجن.

وهنالك أيضاً مبالغة اسم الفاعل على وزن (فعول) كـ(رسول) فهي بمعنى (مرسول) من قبلِ أحدٍ، ولم يأتِ من تلقاء نفسه.

وتستمد هذه اللغة المتواترة متانتها من الشعور ومن الحدث المباشر، وليس من أي شيء آخر غيرهما.

وقد نجد في بعض الأبيات استخدامات عكسية حين يجيء اسم الفاعل على صيغة اسم المفعول، كما في قول الأخطل:

وَعِمرانَ أَن أَدّوا الَّذي قَد وَأَيتُمُ

وَأَعراضُكُم مَوفورَةٌ لَم تُمَزَّقِ

فقوله: وأعراضكم موفورة يريد (وافرة) وهو من فعل ثلاثي لازم من وفر بمعنى كمل، أي: شريفة كريمة كاملة غير ممزقة ولا منقوصة، لا تشوبها شائنة، والدليل على هذا المعنى جملة النعت بعده (لم تمزق)، فيلاحظ أن التحول الصيغي يتبعه تحول في الدلالة التركيبية، فاختيارات الشاعر من الألفاظ والصيغ الصرفية تحكمها الدلالة والسياق والعاطفة المسيطرة؛ فالعاطفة عاطفة إعجاب وثناء على آل عمران، فعدل بصيغة اسم المفعول إلى صيغة اسم الفاعل، لتناسب مقام الحال.

وعلى الرغم من أن هذا التركيب قد يعد غير متداول، فإنه في الآن نفسه يحمل بعداً معنويّاً دالاً ومتيناً في السياق الشعري.

وأيضاً من تلك التجاوزات الصرفية ما قاله الفرزدق:

وإذا الرجال رأوا يزيدَ رأيتهم

خضع الرقاب نواكس الأبصارِ

فهنا نلاحظ أن الفرزدق وصف الرجال بنواكس جمع ناكسة؛ وهو تجاوز لم يستسغه النحويون، لكن المعنى البعيد اقتضى هذه المفردة من دون ناكسي الأبصار.. كونه يريد التبيان على أنوثة الرجال وخضوعهم؛ وعلى هذا المنوال جرى هذا الاستخدام عند الشعراء حين ربطوا ما صفته مؤنثة على المذكر.

من خلال المثالين السابقين تراءى لنا من الممارسات الفعلية لتطوير اللغة، أن الراجِح في هذا السياق أن الخصوصية اللغوية التي تستدعيها طبيعة العمل الإبداعي الشعري، لا تعني بالضرورة الانعتاق من أسر مرجعية القاعدة اللغوية، بقدر ما تعني استثماراً خاصاً بالمنشئ للطاقات ابتداء بالصوت ومروراً بالمعجم والبنية الصرفية، والتراكيب اللغوية والنحوية الكامنة.

وبالتأكيد، يمنح هذا الاستثمار إضافة كبيرة إلى النص الشعري، إذ يبتعد فيه الصائغ عن المتداول لينشئ بوتقة لغوية يقدم من خلالها الشعور.

وحين نراجع ما قاله هيجل: "اللغة هي وعاء الفكر"؛ يقودنا الأمر إلى أنه شيء مهم، وهو أنه ما دام يوجد وعاء سليم فهنالك طرح سليم؛ لكن في موضوع الشعر يختلف الطرح على حد زعمنا، فالألفة تقتل الإبداع، والاعتياد على الشيء يُفقد

الإحساس به، ومن هنا تأتي مغامرة الشعراء وعدم رضوخهم لواقع سائد ومحاولتهم الدائمة لكسر أي تأطير، ولو كانت ضمن أفق اللغة وفي حدود قواعدها، وما هذا المثال إلا دليل على ذلك، فالشاعر يحتاج إلى القلق، بل هو ابن القلق، من هنا نلاحظ أن كثيراً من اللغويين أجاوزا هذه التجاوزات، ومنهم من نظمها في قواعد ومسالك، فمنها ما كان نحويّاً ومنها ما كان صرفيّاً ومنها ما كان بيانياً؛ ومثال ذلك قول المتنبي:

فِدىً مَنْ علــى الغَبْرَاءِ أوَّلُهم أنا

لهذا الأبيّ الماجـدِ الجائدِ القرْمِ

نجد أنه قفز على المعجم الصرفي إذ لم يُحْكَ عن العرب "الجائد" وإنّما "الجواد"، والمتنبي أرادها على وزن اسم الفاعل، وفضّل ذلك عن القياس والسماع، كون السياق يتطلب ذلك، فانسجام الدلالات بعضها مع بعض، حرّضه على جلب اسم الفاعل (الجائد) لما فيه من قوة الفعل والإمكانية المتجددة، على عكس الصفة المشبهة التي تمثل الثبوت في الماضي والحاضر فقط، فخرج بـ(جائد) لتعبر عن كل مكنونات الكرم حتى في زمن المستقبل، فالمغايرة يجب أن تحمل معها بعداً تستفيد منه بُنَى وحدات النص، ومن هنا تأتي قوة تغير أي بنية صرفية أو تفعيل قالبها الأساس إن كان غير مستعمل.. وقد يعد الجواز هنا موسيقيّاً في جانب، إلا أنه متماه لغويّاً؛ وعلى مستوى الفكرة، وقد منحها أبعاداً ودلالات أخرى ضمن السياق

الأساس. ومن هنا تكمن قوة الاستعاضة أو الاستعانة بـ"غير المستعمل".

ونقرأ بيتاً آخر للمتنبي يقول فيه:

فإن يك بعض الناس سيفاً لدولةٍ

ففـــي الناس بوقـــات لها وطبول

و(بوقات) جمع لـ(بوق) لم تسمع به العرب، ولم يكن شيء يمنعه أن يقول (أبواق) ويسلم من الذم، لكنه الإدلال بالقوة، وإحساس الشاعر بامتلاكه للُّغة لا امتلاكها له، فاللغة وعاء الدلالة، والشعر إنما هو نيّة الشاعر في هذا القول أو ذاك، وعندما جعل التأنيث من صور التصغير؛ فهو دلالة مقصودة من الشاعر مرتبطة بفكر اجتماعي ذكوري، فإسقاط صفة التأنيث على رجل أو مجموعة فإنما يقصد به إهانتهم أو تصغيرهم، وسياق كلامه سخرية بهؤلاء البوقات، فكان جمعه لهم على التأنيث، أشد إيلاماً لهم من جمعهم على التكسير.

لم يكتف الشاعر بنعتهم بالأبواق التي تردد الكلام نقلاً ونشراً من غير تفكيرٍ ولا وعي، وتشهر الإشاعات بين الناس وهي آلات مفرّغة، بل تعدى ذلك إلى استخدامه جمع المؤنث، فالإهانة هنا مضاعفة، والصفعة على الخد إنّما هي صفعتان.

لكن عندما أراد المتنبي التعظيم قال:

الحمـــد للـــــه العلـــي "الأجلِ"

الواهب الفضـــل الكريم المزجل

ومن خلال التمعن في البناء اللغوي وعلاقته مع الموقف العاطفي، نجد أن فكّ التضعيف ينسجم مع هذه العلاقة اللغوية المعنوية، فالشاعر بهذا خدم موقفه في تعظيم وتجليل الخالق، ليس بسرد يذكر فيه بصفاته عزّ وجل بتراتبية معينة؛ إنما من خلال بث علامات التعظيم لهذه السردية، ورفعها عن مستوى المدح أو الوصف المباشر إلى مستوى تفخيم المعنى.

ومما علل ذلك أيضاً؛ لجوؤه لهذا الفعل الصرفي في عرض صدر البيت، في تشابك لطيف بين الاستهلال والوقوف، ومن ثم الاستئناف في بداية العجز.

وضمن صيغة تفضيل مطلق، فالله هو الأجلّ، فإذن الشاعر اعتمد ما يمكن أن نسميه (ميتا تعظيم) أي ما بعد التعظيم، من خلال آليتين لغويتين، الأولى: استخدام صيغة التفضيل مع (ال) التعريف للإطلاق المنتهي، والثانية (فك التضعيف) في هذه المفردة بالذات، لتحميلها رغبة أكبر بالتعظيم والتبجيل.

وعلى الرغم من السياق اللغوي المباشر في الطرح السابق، إلا أن هذه الحركة اللغوية التي أضافها الشاعر، منحت البيت عموماً بعداً رؤيوياً يدعو للتفكر والتمعن فيه، كوقفة على البيت وعدم الانجرار خلف مباشرته أو العادي فيه.

من الواضح لدينا أن هذا التوليد الصرفي كان مستساغاً وغير بعيد عن الصيغ الصرفية العربية، لذلك لاقى قبولاً سريعاً في الشعر واللغة على حد سواء.

وهو ما دفع كثيراً من الشعراء إلى التجرؤ والخوض في صيغ كهذه، وتقليدها أو ابتكار جديد منها.

والملاحظ أن الشعر ساهم بشكل كبير في ترسيخ اللغة العربية حتى يومنا هذا عند العرب في جميع الأمصار، وما يكتب اليوم امتداد طبيعي للشعر في منابعه الأصلية في العصور القديمة، لذلك حتى المحاولات التي قامت لتطوير اللغة، هي مبينة على الأسس القديمة الصحيحة، كما رأينا؛ والأمثلة الصرفية على ذلك كثيرة جدا، فنجد ما صُرّف على وزن (أفْعَلُ) أو (تفعّل) من مثل (أحْزَنُ؛ أجْرحُ؛ أثْمرُ) أي (أكثر حزناً وأكثر جراحاً وأكثر إثماراً) ومن التصريف الثاني (تفعّل) قول الشاعر عبد السلام زريد:

نَهْرُ الصَّبابــةِ للحَبيــبِ تَكَوْثَرَا

شَــلَّالُهُ في جوفِ قلبيَ قد جرَى

فقد صاغ من نهر الكوثر فعلاً ماضياً على صيغة تفعّل، فجاءت تكوثرا، أي أصبح هذا النهر كنهر الكوثر تدفقاً وعذوبة وطعماً بعد أن خصه الحب والصبابة.

والملاحظ أيضاً أن الشعر اختلق هذه التصريفات واعتنى بها؛ حيث برع الشعراء من خلالها في تقديم الصورة الشعرية بمسالك أبهى وحلل أجمل، اعتماداً على مباحث البلاغة القديمة.

ومن جانب آخر تغني هذه التصريفات المبتكرة عن إنشائية كثيرة، إذ تعد اختصاراً يمنح الشعر واللغة على العموم مرونة، كما تُكسبهما دلالات تفكرية وتخييلية.

وهذا ما سعى إليه بدوي الجبل من خلال تصريف عدد كبير من المفردات بطريقة محببة للسماع ضمن مقاسات اللغة، فجعل لـ(الندى) صيغة تفضيل (أندى) واسم فاعل (المُندّى) وفعل ماض (تندّى) فنراه يقول:

الأُقْحُوانُ ثَغْرُكِ المُنَدَّى

ونحنُ بِالعطرِ وبالرفيفِ

فقد استفاد البدوي من خصوصية اللغة التي تتطلبها طبيعة اللغة الأدبية عامة، والشعرية خاصة؛ التي لا تقتضي استباحة القاعدة اللغوية، بقدر ما تعني استثماراً خاصاً بالشاعر، مما يساعد على تطوير اللغة والمساهمة في إثرائها، وقد أراد الشاعر إضفاء رونق أكبر وأجزل على الثغر، فجعله مندّى.

وهذا التطوير لا يصعد باللغة فحسب، إنما هو في الدرجة الأولى صعود فني استخدم اللغة سلماً؛ منها وإليها.

أما نزار قباني فنراه يقول:

أحرف خمسة أشف من الضوء

وأشـــهى من نكهة التطويق

يكثر عند نزار إسباغ صفة على موصوف، من خلال ربطه بموصوف آخر عبر علاقة تفضيلية، فكيف إن كان الموصوف هي المرأة، عندها يبدع نزار في إطلاق عاطفته وتقديره لمكانتها من خلال أسلوب المفاضلة المبتكر، فهو يستخدم صيغة أفعل على القياس كقوله هنا: (أشفُّ) للمفاضلة بين حروف اسمها وبين الضوء، الذي له صفة الشفافية، لكنه ينتصر لها بالتفضيل بهذه الصفة، التي هي غير واقعية؛ وإنما شعرية مبتكرة، فالحروف تشف عن كائن نوري بشكله وأحاسيسه وباقي صفاته.

وقد اعتدنا أن تكون في الحالة الاعتيادية؛ الصفة في صيغ المفاضلة مشتركة بين الطرفين، إلا أن الشاعر مجازاً أسبغ أحد الطرفين بصفة الطرف الآخر وانحاز له، بتوليد شعري ولغوي ينساب مع عاطفة الإعجاب، ويوظف المفاضلة في خدمة الطرف المُحبب ولا يضعه في منافسة كما هو معتاد.

الاستثمار اللغوي هنا نهض بالبنية الشعرية، وانحاز عن المألوف، وهذا من علامات حيوية الشعر وقدرة الشاعر على تطويعه لغويّاً وعاطفيّاً.

في كثير من الأحيان نعثر على اشتقاقات في بنية المفردات، ابتكرها الشعراء لتعبّر عن الحالة النفسية التي هم عليها، كما في اشتقاق مفردة (الأعدقاء) في قول الشاعر السوري حسن إبراهيم الحسن:

أتأمل الصدأ الذي يعلو الصواري من هواء البحر
كالنمش العجوز يشع في الستين قبل الإنطفاءْ
أتأمل الشرق
العواصم تارة وطن
ومنفى تارة
كالأعدقاءْ

الشاعر بحداثته الشعرية، يندمج مع الواقع مكانياً وعاطفياً، فبينما ينظر ويراقب ويتأمل كائناً حاضراً في المكان يشبهه بصورة ذهنية وجودية؛ يستدعي من خلالها فكرة أكبر منبثقة من حالته النفسية؛ من ألمه وتشظيه مثل كل سوريٍّ في الغربة، وبينما هو ينجو بالبلد الجديد من الأهوال في بلده، تفترسه الغربة ولا ينجو به سوى الحنين للوطن، هذه المفارقة تجعل القيمة في المعنى الشعري لها وجهان؛ وجه خير ووجه شر. سواء أكانت هذه القيمة، مادية كالصارية أو مكانية كالوطن، أو حيّة كالإنسان والمقصود به الآخر هنا.

وله وجهان وجه صديق ووجه عدو وهذا فرضه الوضع

السوري العام وهو حالة التشتت وعدم القبض على الموقف، أي المفارقة في الآخر، لا تحتاج إلى زمانين متعاقبين، ولا إلى لحظتين متتاليتين، بل إن الشاعر يدركها في الآخر في اللحظة ذاتها، فهو (صديق وهو عدو) فيها.. هذا كله أحاله بالضرورة على استخدام مصطلح (الأعدقاء)، في الوقت ذاته، وهذا الاستخدام أفاد الموقف النفسي من جهة، والزمني من جهة أخرى، وعلا بالشعرية في منحى عصري؛ التجديد فيه قيمة وليس استسهالاً. مثلما نستطيع القول إن هذه الاستعمالات الصرفية يمكن أن تشكل مفارقات لغوية وفكرية، تتماهى حيناً وتتضاد حيناً آخر، كما في المثال السابق، لكنها في النهاية تشكل كلاً واحداً يغني عن كثير من القول.

ومما يؤكد دور العامل النفسي أيضاً، في الاستعمالات الصرفية، هو قول الشاعر محمد إبراهيم يعقوب:

تخليت عـــن ماذا؟ بمـــاذا تقاومُ

فـــلا أنت مزهـــوٌّ ولا أنـــت نادمُ

فقد عدل باسم المفعول (مزهو) عن صيغة اسم الفاعل (زاهٍ) وهذا ما سيؤكده السياق، فقد استهل الشاعر بيته بأسلوب استفهامي يفيد الاستنكار من فعل ذاتي يخاطب به نفسه، ويوحي بحالة التشتت التي هو فيها، إذنْ فعل التخلي هو رأس الخيط وبداية الحدث، وهو نتيجة لوجع متوارٍ وراء الكلمات، لكنه في الوقت ذاته؛ هو المسبب لنتيجة يقرّ بها الشاعر في الشطر

الثاني، وهي حالة الضياع وعدم الرضا وعدم الوصول إلى الارتياح النفسي المرجو من قرار حساس كهذا؛ وهو التخلّي، فمن المفترض أن تهدأ لواعجه ويستتب أمن فكره بعد القرار، لكن ذلك لم يحدث، فلا هو في حالة من الزهو ولا في حالة من الندم، أما الزهو فمسببه النفسي الأقرب إلى روح وعقل الشاعر، هو فعل التخلي والشاعر في هذه الحالة جلب (مزهواً) على صيغة اسم المفعول، لكن معنويّاً هي عملت عمل اسم الفاعل (فلا أنت زاهٍ)، لأنه في أعماقه لم يكن يريد أن يصل إلى هذا القرار، فارتأى أن يضع نفسه في موقع المعمول به ظاهريّاً، لكن نفسيّاً هو المتحكم بالفعل، ومما يؤكد ذلك ويدل عليه، استخدامه التالي مباشرة لاسم فاعل هو نادم، وما جعله يستخدم اسم الفاعل بشكل ظاهري ومعنوي هنا، أن فعل الندم هو الأقرب إليه، وهو ما يتوقعه الشاعر أكثر ومرتبط بصدق إحساسه الأقرب للحزن على اتخاذه قرار الابتعاد.

في حين نجد عند الشاعر مرودك الشامي ابتكاراً جديداً لبنية لغوية هي (يكاغي) في قوله:

ففي الصدر طفل يكاغي ويحبو

ويبــدلُ حلو الحيــاة مراري

وفي سمرة الخد يغدو سحاباً

من العطر كيما يزيد انهماري

هذه الـ(يكاغي) انبثقت من رغبة الشاعر في بث إحساسه بصدق تركيبة فعل جديد، وهي مشتقة من تصويت الطفل قبل بداية نطق الحروف بالصوت (كغّا)، وهذا منسجم مع الفعل التالي؛ يحبو وهو الذي يسبق المشي، ففي صدر الشاعر رغم كل الأحزان التي شاخت به، يوجد وعد جديد وحلم يانع، كالطفل الذي يستعد للانطلاق ويرغب فيه، فالطفولة هنا نقاء وفطرة. وفي تركيبة الفعل الجديد (يكاغي) رغبة في الحياة والتعبير عن الذات بإصدار الصوت، فالاستعداد للفعل أصعب من الفعل ذاته، والبداية ولو كانت بسيطةً إلا أنها رفرفة تستطيع إعانة الشاعر على محاولة التحليق بعيداً عن مرارة العيش.

وللشعر دوافع يضعنا أحياناً على طريقها، غير تلك النفسية التي ذكرناها سلفاً، إذ يتمكن الشعر أحياناً من حشر الشاعر في قوالبه، وتقييده ضمن عدد معين من المفردات أو وزن محدد، وهذا بمنظور آخر ليس جرماً يرتكبه الشعر، بل فضيلة، حيث يدفع كاتبه للابتكار قسراً، للبقاء مقيداً بأغلال هذا الكائن المتوحش اللطيف، ونهج دروب وطرق تضفي على اللغة والنص زهواً إضافيّاً وأبعاداً تفكرية، خاصة أن اللغة بحاجة دائمة للتجديد وهذه مهمة الشعر بحسب رأيي، فهو حاملها الأول ومطلق سراحها.

وأخيراً، نلاحظ أن كل هذه الصيغ قد ابتكرها الشعراء، لأن التغيير اللغوي نتاج وفعل تراكمي مجتمعي، واللغة ظاهرة

مجتمعية أولاً وآخراً، على أن ذلك كلّه لا ينفي أن يترك هذا الشاعر أو ذاك بصماتٍ لغويةً خاصةً، تحفر في عمق اللغة وتجعلها قاعدة، وأساساً لتطوير اللغة، فقد احتفظت لغة الشعر كما يقول الدكتور محمد غنيمي هلال على مر العصور؛ بمقومات فنية، ما زالت تنمو بفضل عباقرة الشعراء، والنقاد في مختلف الآداب، وانتهت إلى العصر الحديث، وأثرت في أدبنا نحن، في صياغته ومعانيه، ولا ينال هذا التأثير في شيء من اللغة؛ ألفاظها، وقواعدها، فهذا ما لم يقل به أحد من المجددين الذين يعتد بهم في أدبنا العربي، أو في الآداب العالمية الأخرى، ولم يدر في خلد هؤلاء المجددين أن ينالوا من اللغة.

ومن خلال كل ذلك، لاحظنا أن الشعراء على مر العصور، صعدوا باللغة واستخدموا أساليب متجددة للنهوض بها، آخذين على عواتقهم عدم الاستسلام للمنجز اللغوي، سالكين دروباً وعرة في الابتكار والعلو. ومنه أظهروا لنا مدى علاقة الصرف خصوصاً، واللغة على العموم، بالشعر العربي منذ طلته الأولى إلى يومنا هذا. في حين أثرت إنجازاتهم تلك في صياغات شعرية كثيرة، بالإضافة إلى أنها كانت وما زالت دافعاً لغيرهم من الشعراء في الابتكار وعدم الانصياع للتكرار والتقليد.

الهوامش:

1. د. صالح عبد العظيم الشاعر: اللغة والشعر بين خصوصية الاستعمال والإدلال بالقوة، مقال منشور في شبكة الألوكة 14/2/2013
https://www.alukah.net/literature_language/0/50522/.

2. د. محمد فلفل: التشكيل اللغوي للشعر، الهيئة السورية للكتاب، دمشق، 2013.

3. إدوارد سابير وآخرون، اللغة والخطاب الأدبي؛ مقالات لغوية في الأدب، الدار البيضاء - بيروت، المركز الثقافي العربي، 1993.

4. البرازي، مجد محمد الباكثير: في النقد الأدبي الحديث، مكتبة الرسالة الحديثة، ط 1، 1986، عمان.

5. إبراهيم سند إبراهيم أمحد الشيخ: ارتباط الصيغة الصرفية بالمعنى في شعر طفيل الغنوي، مجملة كلية الآداب - جامعة المنصورة، العدد الثامن والخمسون - يناير 2016.

تطوّر البنية اللغوية

د. عبد الله المعطاني

إن مغامرة اقتحام لجة النصوص الشعرية، تحمل في طريقها خطورة الإخفاق والتردد، الذي يؤدي في بعض الأحيان إلى السقوط في اجترار مناهج ودراسات فرضتها العلاقة الجدلية بين النص وخصوصياته المعرفية والتاريخية. ومما يزيد الأمر تعقيداً وإشكالاً أن بعض الدارسين المحدثين يلوون أعناق النصوص الشعرية، ويستلبون بريقها حينما يقطعون صلتها بسياقاتها الحضارية والتاريخية، متعمدين عملية القسر والإقحام في محاولة لإخضاع النص لمفاهيم ونظريات متنوعة، بعضها مستمد من الفكر الغربي، وبعضها يدور في فضاءات التشكل المعرفي للثقافة العربية.

وإن كنا نؤمن من البداية بتعدد القراءات وتنوع المناهج في دراسة النصوص الأدبية، إلا أن هناك محاذير ظاهرة ومزالق خطيرة، يقع فيها بعض الدارسين الذين يجتثون النص من عروقه ويرحلونه عن بيئته، ظناً منهم أن هذا الانفصام يخدم تلك النصوص، علماً أنه يخنق حريتها ويجهض قدرتها، لأن النص

الإبداعي؛ وخصوصاً الشعر، كحوت البحر الذي لا يطيب له العيش إلا في فضاء بحره العميق.

ولقد بدأ إحساسي بصعوبة قراءة النص الشعري حينما اضطلعت بتدريس مادة النصوص الأدبية لطلاب قسم اللغة العربية، قبل أكثر من سبع سنوات تقريباً، وانطلقت شرارة التفكير في التعامل مع النص الشعري؛ حينما سألت الطلاب عن سبب إعجابهم بقصائد المتنبي وأبي تمام، فأجابوني بإجابات باهتة وكلام عموم مكرور، لا يتجاوز بعض المقولات الشكلية الجاهزة، فتتبعت هذا الخيط من خلال ملاحقة الأمسيات الشعرية والندوات الأدبية، والاستماع إلى تعليق النقاد على النصوص الشعرية، فوجدت أنهم ليسوا أحسن حالاً من الطلاب، بل إن بعضهم يمتشق الحديث عن النظريات والقضايا النقدية فيبحر بعيداً عن زورق النص.

وقادني الفضول إلى خوض تجربة عملية في هذا المجال، فقد حضرت أمسية شعرية في نادي جدة الأدبي لأربعة من الشعراء المعروفين على مستوى الساحة الثقافية، وقد وزع النادي قصائدهم قبل الأمسية بوقت كاف لقراءتها وتأمل مضامينها، فتعمدت أن أقف عند أسوأ بيت في أسوأ قصيدة، وحينما ألقاه شاعره طفقت في التصفيق فالتهبت القاعة بالتصفيق والتهليل، إعجاباً بهذا البيت، مما جعلني أعود فأتساءل هل هناك خلل معرفي بين الشعر وقرائه في استيعاب الآفاق التعبيرية المؤثرة،

التي تحتضنها النماذج الإبداعية الراقية، وهنا ينهض سؤال آخر تصعب الإجابة عنه: هل كانت العلاقة المباشرة بين لغة الشعر والمتلذذين بسماعه من العرب القدامى، تأتي في المستوى نفسه من التأثير والتفاعل الحيوي لسماعنا أو قراءتنا لقصيدة من قصائد بشار أو المتنبي أو غيرهما؟ خصوصاً أن كتب التراث شحيحة بمثل هذا التفسير فغالباً ما نقرأ في صفحاتها، أن هذا الشعر كثير ماء الرونق أو حسن الديباجة والسبك أو حسن التأليف، وهي دلالات تكمن فيما وراء الصياغة اللغوية، ولكنها لا تعطينا تفسيراً مباشراً لمعطيات التحليل الفني، الذي يكشف عن الخصائص والأبعاد الخفية في مكونات النصوص الإبداعية.

ويبدو أن النص الشعري بالذات، تفرق دمه بين الدارسين منذ زمن بعيد، فقد استوفى منه النحاة واللغويون غرضهم، بالحديث عن تركيب الجملة والروابط بين أجزائها والحركة الإعرابية وأثرها في المبنى والمعنى، وكان دعامة قوية لهواة الشذوذ والندرة يقاد إلى مواضع الاستشهاد المخالف للقاعدة المعروفة واللغة المألوفة، ووجد فيه العروضيون بغيتهم للحديث عن عناصر تكوين الإيقاع والزحافات والعلل والأسباب والأوتاد والسواكن والمتحركات، وتصيد فيه البلاغيون مكامن الصور البيانية والظواهر البديعية، فتحول إلى مستقر تجريبي لممارسة المصطلحات البلاغية والقوالب الزخرفية.

ولم تكن رحلة النص الشعري في عصرنا الحالي، أقل

عنتاً ومشقة من معاناته في الماضي، فقد احتضنته مدارس متعددة ومناهج مختلفة، وأصبح فيها فريسة لأنسجة متباينة من النظريات والخطابات التي تزدحم على استلابه ونهب ذخيرته، فتواردته الأسلوبية والبنيوية والتشريحية والشعرية والانطباعية وغيرها من الدراسات والمناهج الحديثة، فأغرق بعضها في دوائره ومصطلحاته إلى الحد الذي مارست فيه شيئاً من اللجم والقهر على النص الشعري، فأثخنت مفاصله وغيرت معالم وجهه الجميل.

وإذا كنا لا نستطيع أن ننكر أهمية المناهج والنظريات سالفة الذكر -والتي لم نأت إلا على بعضها في إطارها العام- إلا أنه من المؤكد أن معالجة النص الشعري على امتداد عمره الزمني، لا تخرج عن مسلكين متوازيين؛ أولهما النظر إليه من خارجه أي المقومات والمعطيات والسياقات، التي يعيش في رحابها النص، ويمكن أن نعد أكثر القراءات الوصفية والانطباعية والإسقاطية وغير ذلك، من هذا النوع، وهي التي تهتم في بعض الأحيان بما يحيط بالنص أكثر من الاهتمام بالنص نفسه، فتتجه للمؤلف أو الظواهر الاجتماعية أو التاريخية أو الحضارية من خلال النصوص. والمسلك الآخر هو النظرة إلى انبجاس النص من داخله، وهنا تختلف القدرات وتتباين المهارات في احتلاب طاقات الإبداع واكتناه أغوار اللغة في تلك النصوص، وهذا المسلك أصبح هاجس البحث العربي المعاصر، الذي ينطلق

من تأسيس منهج علمي مبني على العلاقة بين اللغة والإنسان والحضارة، واختلفت مسارب هذا المنهج وتعددت مضايقه ودروبه، وطرح في سوق الرفض والقبول حسب قربه أو بعده من المكونات الأساسية لمنابع الثقافة العربية المعاصرة، وأبرز إنجازات هذا المنهج؛ الدراسات اللسانية المعاصرة.

ومما زاد الأمر صخباً أن النص الشعري أرض خصبة قابلة لصنوف الاتجاهات والتيارات الكامنة في فضاء الفكر النقدي، لأنه وجود عائم "مبدعه يطلقه في فضاء اللغة سابحاً فيها إلى أن يتناوله القارئ، ويأخذ في تقرير حقيقته والنصوص (شوارد) على دور تعبير أبي الطيب المتنبي. وكل نص شاردة ينام عليها مبدعها (ويسهر الخلق جراها ويختصم)"[1].

وتنفصم عرى النص الشعري حينما يترنح بين قارئين؛ الأول منهما تعمق في التراث العربي ومقاييسه ومعاييره النقدية، وحقوله البلاغية ومفاهيمه النظرية الواسعة دون الالتفات إلى الدراسات اللغوية الحديثة، التي تأثرت بالانفجار الحضاري والتقني في الدول الغربية، وأفرزت نظريات ومناهج تطبيقية، تمثل يقظة معرفية هائلة يجد فيها الفكر النقدي العربي حلّاً لكثير من قضاياه وإشكالياته المعلقة. وهذا القارئ ينظر إلى النص نظرة جزئية، تخدم بعض الزوايا الظاهرة على أديمه، مثل تصيد المضامين والأغراض البلاغية، أو شرح بعض المعاني المغلقة، أو تفسير المغزى من العبارات الدفينة، وفي عمل

هؤلاء القراء ما يعقم النص ويغلق نوافذه وأبوابه، ليعيش تحت الأنقاض، فتحجم حركته ويمنع من التحليق في تخوم الفضاءات الرحبة. أما القارئ الآخر فيقف على الخط الموازي تماماً لهذا الاتجاه، فقد اندفع إلى التهام النظريات والمناهج الغربية باعتبارها العصا السحرية، التي سوف تحل كل الإشكالات المعرفية في كل زمان ومكان، وفي هذه النظرة إغفال لتاريخية المعرفة وخصوصية الإبداع، الذي يمثل غصناً رطباً في دوحة أرضه، ولا سيما أن الشعر بنى ذاته ونمى كيانه عبر التجارب الإبداعية الضاربة في جذور تاريخية اللغة. ولا شك أن كلّاً من هاتين القراءتين ينحصر في زواية ضيقة، تعجز عن ارتياد المكونات الدقيقة للنص الشعري، فبقيت الفرصة متاحة للقارئ الحر الذي بنى منهجه التحليلي، على قاعدة صلبة من التكوين المعرفي في التراث العربي، وألمّ بالخصائص والأساليب القديمة وتصورات النقاد الأوائل لحدود وجوه الإبداع وعلاقاته الداخلية والخارجية، وما نتج عن ذلك من مفاهيم ومعايير فنية، وانقض على دراسة النظريات والمناهج الغربية بوعي وإدراك، وخصوصاً ما يتصل منها بعلم اللغة المعاصر، لما فيه من إمكانية مذهلة لفهم النصوص واستيعاب مداراتها وانحرافاتها، فأصبح هذا القارئ يتعامل مع النص في مده وجزره مستشرفاً آفاقه وإيماءاته، حسب ما تمليه ظروفه ومعطياته، متحرراً من المواقف الإصرارية المسبقة والهواجس الأيديولوجية، ناهضاً بالقيمة الحاضرة في وجود تلك النصوص وطاقاتها المتجددة.

ومن اللافت للنظر أن هناك من الدارسين من أصيب بهوس البحث عن جذور النظريات الغربية في التراث العربي، إلى الحد الذي جعلهم يحملون التراث أكثر مما يحتمل، فلا يسمع أحدهم باكتشاف نظرية جديدة، إلا ويهرع للتنقيب عن أي مقولة في التراث العربي، تشير إليها من قريب أو بعيد، فتمحلوا النصوص وأغرقوا في تأويلها وحملوا الفكر العربي أكثر مما يطيق، ظنّاً منهم أن هذا يزيده قيمة ومكانة في عيون الآخرين، وفي خضم هذا التصور تحملت نظرية قراءة النص الشعري، كثيراً من التعسف والإعياء.

فعلى سبيل المثال؛ هناك من النقاد من يحاول أن يجعل عبد القاهر الجرجاني مؤسساً للنظريات الغربية، وأستاذاً للنقاد الغربيين، ومن هؤلاء د. عبد الملك مرتاض، الذي يقول: "فإننا نجد عبد القاهر الجرجاني، على سبيل المثال حداثيّاً جدّاً، لأنه كان ينظر إلى النقد نظرة إشكالية، وكان صاحب رؤية مستقبلية، من أجل ذلك لا يبرح عبد القاهر الجرجاني إلى يومنا هذا قائماً في الفكر النقدي، لا أقول العربي فحسب وإنما أقول النقد العالمي بشكل عام، وهنالك من النقاد من زعم لي أن تودروف مثلاً ألمّ إلماماً بالنظرية الجرجانية وحاول الإفادة منها"[2].

وأكثر من ادعى شرعية قراءة النص الشعري منذ القدم؛ هم البلاغيون الذين راعوا المخاطب ومقتضى حاله وكيفية إيصال المعنى إليه، ووسيلة إقناعه والتأثير فيه، لذلك نشأ هذا العلم

في ظل سيادة المنطق وخدمة للخطابة، أكثر من خدمته للفن الشعري، أما علم الأسلوب فقد نشأ في أحضان علم النفس، الذي اهتم بالإنسان وتكوينه وسلوكه ومزاجه ومجتمعه وحضارته ومعتقداته وغير ذلك[3].

يقول الدكتور عبد السلام المسدي: "فالشرح البلاغي غايته تفسير تقلبات البناء اللغوي في حدود ما يسمح به المعيار المرجعي.. فهو بذلك يتتبع عوارض اللغة في ذات اللغة، أما الشرح الأسلوبي فغايته تفسير ما ينتج عن التقلب اللغوي من مميزات تهيئ للغة إبداعاتها، وبذلك يتولى عملية استنطاق بنى النص في دواله وفي مدلولاته، ثم يعمد إلى تفسير طبيعة الاقتران بين هذه وتلك، مما يكون قد أثمر شعرية النص فحول لغته من أداة إبلاغية إلى بنية إبداعية"[4]. وإن كنا لا ننكر مناصرة المسدي لمنهجه الأسلوبي، إلا إننا نتفق معه إلى حد ما بأن القراءة البلاغية للنص، لا تفي بكل حاجاته خصوصاً أن البلاغة، تنظر إلى اللغة بصفتها ثابتة، خلافاً للأسلوب الذي ينظر إليها بصفتها متطورة ومتغيرة، والبلاغة منهج انتقائي، أي يقوم على اختيار تراكيب معينة من النص، سواء كانت نحوية أو بيانية أو بديعية؛ بينما نجد أن الأسلوبية تسجل الظواهر اللغوية ودلالاتها وعلاقتها بغيرها وتطورها، فتدرس الصوت والمعنى الدلالي في جملة النص والتراكيب والتموجات النفسية والسياقات الحضارية والتاريخية، مع مراعاة تنوع مدارس الأسلوبية واختلاف مناهجها.

وهناك ملاحظة جديرة بالاهتمام، وهي أن البلاغة تحتفي بمصطلحاتها وقوالبها من جناس وطباق واستعارة وغيرها أكثر من احتفائها بالمبدع وسيادته المطلقة، خلافاً للأسلوبية في مفهومها الأدبي، الذي يحول اللغة إلى إفراز فني عبر شعرية النص.

ولا يفهم من ذلك؛ التقليل من شأن البلاغة العربية، أو النيل من مكانتها، لأني أرى -كما أوضحت سابقاً- أن القارئ المتميز للنصوص الشعرية، هو الذي يتكئ على مرجعية صلبة في أساليب اللغة، وأهمها علم البلاغة والنحو، ويتخذ الزاد الوافر من علوم اللغة المعاصرة، التي تهتم بالنص وأدبيته، لكن بعض النقاد العرب المعاصرين حاول أن يضع "البلاغة العربية على الخريطة العامة للدراسات الأسلوبية، كما نعرفها اليوم"[5]، وهو استلاب معرفي يتجاوز خصوصية العناصر والعلاقات، التي تكون الذات المعرفية، لأن البلاغة العربية لا يمكن أن تعيش بمعزل عن مادتها ومنهجها التأسيسي، وبالتالي فإن أي تشويه في جسدها أو تحريف لآلياتها، يؤدي إلى تغير معالمها واختلاف مناهجها وأنساقها[6]. وإن كنا لا ننكر أن هناك شيئاً من الالتقاء بين علم البلاغة وعلم الأسلوب، مما أتاح المجال للرأي الذي يعد البلاغة سلفاً لعلم الأسلوب أو تجربة يمكن الانتفاع بها[7].

ولا بد من الإشارة هنا، إلى أن منهج عبد القاهر الجرجاني في تفتيت جمل النص وإعادة تركيبها، لم يكن منهجاً بلاغيّاً محضاً، لأنه تجاوز الانحناء أمام المصطلحات البلاغية والقواعد

النحوية، إلى مشروع قرائي، أطلق عليه النظم وهو مراودة روح النص وبث الدماء في شرايينه الحية، ليصبح المنهج أداة لتوصيل المعرفة وليس سيداً.

يقول عبد القاهر: "لا يكفي في علم الفصاحة، أن تنصب لها قياساً ما، وأن تصفها وصفاً مجملاً، وتقول فيها قولاً مرسلاً، بل لا تكون من معرفتها في شيء؛ حتى تفصل القول وتحصل وتضع اليد على الخصائص، وتعدها واحدة واحدة، وتسميها شيئاً شيئاً. وتكون معرفتك معرفة الصانع الحاذق، الذي يعلم علم كل خيط من الإبريسم الذي في الديباج، وكل قطعة من القطع المنجورة في الباب المقطع، وكل آجرة من الآجر الذي في البناء البديع"[8]. وفي هذا توكيد على الجانب التطبيقي في معالجة الشعر والوقوف عند لغته وايماءاته "ورموزه وقوفاً تأملياً يبتعد عن النظرات السطحية التي لا ترى في القصيدة إلا معانيها الظاهرة، ومن ثم تسقط سذاجتها على القصيدة"[9].

وفي نص عبد القاهر السابق، إشارة صريحة إلى تشريح النص Deconstructive Criticism والوقوف عند كل لفظة من ألفاظه، لحصر خصائصها الدلالية وربطها بالأخرى، وقد وفق عبد القاهر في التعبير عن ذلك بقوله "وتضع اليد"، فكأن قارئ النص يتحسس نبض الحركة في الألفاظ واستشعار وجودها اللغوي، الذي يرتبط بنظام العلاقات القائمة بين تراكيب النص، أو ما يطلق عليه نسيج النص، وعبر عنه عبد القاهر بخيط الإبريسم الذي في الديباج.

ويقطع عبد القاهر الجرجاني بأن لكل تركيبٍ دلالة خاصة ومعنى مستقلاً لا ينازعه فيه غيره ولا تؤديه إلا عبارته عينها؛ فينفي بذلك مظنة التكرار الذي يتبادر إلى الذهن من خلال تشابه العبارات والصيغ، بانياً هذه النظرية على أثر النحو في المعنى.

وإذا كانت العرب قد قالت إن كل زيادةٍ في المبنى زيادةٌ في المعنى، فلا مشاحَّة في القول إن أي اختلاف في ترتيب المبنى يؤدي إلى اختلاف في المعنى، على حد رأي عبد القاهر الجرجاني.. وهذا يفضي بالتالي إلى أن كل نص أدبي يحمل بصمة مميزة ومستوىً دلاليّاً متفرّداً به عن غيره، ولا يدرك هذا التغايُرَ بين التراكيب والصيغ إلا من تمكن من أسرار اللغة العربية ونظامها.

ويفصل عبد القاهر الجرجاني هذه القضية بقوله: "إن ههنا فروقاً خفيّةً تَجهلها العامّةُ وكثير من الخاصة، وليس أنهم يجهلونها في موضع ويعرفونها في آخر بل لا يدرون أنها هي، ولا يعلمونها في جملة ولا تفصيل.

روى ابن الأنباري أنه قال: ركب الكنديّ المتفلسف إلى أبي العباس وقال له: إني لأجد في كلام العرب حَشْواً، فقال له أبو العباس: في أي موضع وجدت ذلك؟ فقال: أجد العرب يقولون: عبدالله قائم. ثم يقولون: إن عبد الله قائم. ثم يقولون: إن عبد الله لقائم. فالألفاظ متكررة والمعنى واحد. فقال أبو العباس: بل

المعاني مختلفة لاختلاف الألفاظ؛ فقولُهم: عبدالله قائم: إخبارٌ عن قيامه، وقولهم: إن عبدالله قائم: جواب عن سؤال سائل، وقولهم: إن عبدالله لقائم: جواب عن إنكار منكرٍ قيامَه؛ فقد تكررت الألفاظ لتكرر المعاني فما أحار المتفلسف جواباً.

وإذا كان الكندي يذهب هذا عليه حتى يركب فيه ركوب مستفهم أو معترض، فما ظنك بالعامّة، ومَن هو في عداد العامة ممن لا يخطُر شِبْهُه هذا بباله"[10]!

وفي تصوُّري أن نص عبد القاهر السابق، يكشف لنا كثيراً من زوايا الانحرافات والدوائر التي يمارسها الشعر في توزيع لعبة المعنى لتصبح اللغة كأحجار الشطرنج التي تكر وتفر وتتقدم وتتأخر، بطريقة فنّيّة لا يجيدها إلا لاعب ماهر، ولذلك حينما أنشد بشار بن برد بيته:

بَكّــرا صاحِبَيّ قبــل الهجير

إن ذاك النجــاح فــي التبكير

"قال له خلف الأحمر: لو قلت يا أبا معاذ مكان "إن ذاك النجاح": "بكّرا فالنجاحُ في التبكير" كان أحسن، فقال بشار: بنيتها أعرابيّةً وحشيّةً، فقلت: إن ذاك النجاح، كما يقول الأعراب البدويون، ولو قلت: "بكرا فالنجاح" كان هذا من كلام المولّدين، ولا يشبه ذلك الكلام ولا يدخل في معنى القصيدة، فقام خلف فقبّل بين عينيه"[11].

فهنا لم يكن همّ بشار بن برد إيصال المعنى فقط، وإنما يريد أن يوصله بصياغة معينة تجعل النص في منطقة إيحائية تفيض بطاقات شعورية مختلفة على صعيد التفاعل والتأثير، ممّا يجعل القصيدة نمطاً سلوكياً متفرداً يجسد العلاقة الإنسانية المباشرة بين النص وقارئه، وبذلك يتجاوز الشعر الوجود اللغوي المحايد إلى الدخول في علاقات حضارية عميقة، لتتحول القصيدة إلى نموذج بشري يغري بالتعامل والتعايش، ومن هذا المنطلق يسهل تفسير الاختلاف في الإقبال على نماذجَ معينة من الشعر وعدم التفاعل أو الانسجام مع نماذج أخرى، كما هو الحال في تعامل الإنسان مع الأنماط البشرية المختلفة، فقد يقبل على شخص معين وينفر من الآخر دون أن يجد في بعض الأحيان تفسيراً مقنعاً لذلك.

وفي هذا المعنى يقول ابن شهيد الأندلسي: "فقد تأتي منه في حسن النظام صور رائقة من الكلام تملأ القلوب وتشغف النفوس، فإذا أنت فتّشتَ لحُسنها أصلاً لم تجده، ولجمال تركيبها أساساً لم تعرفه، وهذا هو الغريب"[12].

ولكن لابد من الاحتراس هنا للتأكيد على أن "المادة الوحيدة التي يطرحها النص الشعري التحليلي هي لغته"[13]. كما انتهى إلى ذلك عبد القاهر الجرجاني في كثير من آرائه وتصوراته، وبقي هاجساً ممتداً في أذهان المتعاملين مع النصوص إلى عصرنا الحالي.

ويواجه الدارس معضلة شح كتب التراث النّقدي بتفسير العناصر الجمالية لتأثير القصيدة العربية، عدا تسجيل بعض مواقف الإعجاب بهذا الشعر، وهو ما جعل الأبواب متَّسِعةً والطّرقَ متشعّبةً أمام الدارسين المحدثين للبحث عن الأسباب والأسرار التي تحتملها وجوه التفسير والتحليل في تلك النصوص. فلم يكشف لنا النقاد الأوائل عن سبب بكاء علقمة بن علاثه العامري من بيت الأعشى:

تبيتون في المَشتى مِلاءً بُطونُكم

وجاراتُكـــم غَرثى يَبتْـــنَ خِماصا

وكان علقمة بن علاثه لو ضُربَ بالسيف لما قال حَسِّ[14]. وهذا يدل على مدى تأثير الكلمة في نفوس العرب الأوائل وما لها من قيمة في معنى الكيان الإنساني. ولا مراء أن الرسول ﷺ قد تفاعل مع قصيدة زهير وأعجب بهدير أبياتها، حتى إنه خلع بردته ورمى بها عليه، ولكن لا ندري أيضاً ما الذي لفت انتباه النبي ﷺ في هذه القطعة الشعرية المعبرة؛ هل هو جمال أبياتها وتراقص نغماتها واندفاع حشودها اللغوية، أم أنه أعجب ببعض الدلالات والمضامين التي وظفها الشاعر في إبراز سجايا الرسول وأخلاقه الفاضلة.

فإذا تقدم بنا التاريخ قليلاً -أي في خضَمّ العصر العباسي- فسنقتنص مقولة لبشار بن برد تمثل التأثير الانفعالي المتوتّر

الكامن في شاعرية النص وتجلياته التي تسيطر على مدارك المتلقي وأحاسيسه، فيفتن باللحظة الشعرية الصارخة التي تمارس عليه شيئاً من الامتلاك والاقتدار، فيندفع إلى احتضان تلك الومضات الإبداعية الممتلئة بالطاقات الشعورية. فحينما سمع بشار بن برد أبا العتاهية ينشد قصيدته الدالية أمام الخليفة المهدي حتى انتهى إلى قوله:

أتتــــه الخلافـــة مُنقـــادَةً
إليـــه تُجَـــرّرُ أذيـــــالها
ولـــم تـــك تصلـــح إلا له
ولـــم يـــك يصلـــح إلا لها
ولـــو رامَـــها أحـــدٌ غيره
لزلزلـــت الأرض زلزالها
ولو لم تطعه بنات القلوب
لمـــــا قبل الله أعمالها
وإن الخليفـــة مِن بُغضِ لا
إليه لَيُبغِـــض من قـــالها

قال بشّار وقد اهتزّ طرباً لأشجع السلميّ الذي كان يجلس إلى جواره: "ويحك يا أخا سليم! أترى الخليفة لم يَطِرْ عن فرشه طرَباً لما يأتي به هذا الكوفيّ؟"[15].

فمثل هذه الشواهد وغيرها كثير جدّاً تؤكد لنا الوشيجة التأثيرية القوية بين النص وقارئه أو سامعه، هذه الوشيجة التي تجعل النص وجوداً مهيمناً على وعي وإدراك القارئ. فقد توقع بشار -وكان كفيفاً- أنّ الخليفة المهدي أصبح تحت تأثير الانفعال اللا إرادي لهذه اللحظات المسيطرة التي يصاحبها تعبير تلقائي بالحركة أو الصوت ليتحول الأداء التعبيري إلى أداء ارتدادي يمثل تعبيراً آخر أكثر تحرُّراً وتمرُّداً على تجليات العقل والمنطق.

ويَعِنُّ سؤال مهمّ ومتشعب بقدر تشعب الإجابة عنه، وهو: أين يكمن سر جمال النص الأدبي وروعته؟ هل هو في لغته وإيماءاته أو في موسيقاه ونغماته أم في مضامينه وموضوعاته أو في غيرها من المكونات والعلاقات التي تشكل البناء الأساسي للنص.

وهنا تلعب ثقافة المتلقّي ووعيه وإدراكه دوراً كبيراً في تفسير النصوص والاستجابة لها والتفاعل مع تجلياتها، فالقارئ أو المتلقي يأخذ من النص بقدر ما يعطيه من هذه المقوّمات، لذلك فإنّ كثيراً من النصوص الإبداعية تظلّ مغلقة على كنوزها ومدخراتها إلى أن تجد من يكشف اللثام عنها ويغوص في أحشائها ليخرج تلك الكنوز والمدخرات، ويترتب على ذلك اختلاف وجهات النظر حول تقييم الإبداع وتفسير النصوص وتحليلها، وإن كنّا لا نستطيع أن ننكر تعدّديّة القراءات

ومستويات الرؤيا الجمالية، إلّا أنه ليس ثمة من شك في أن القراءة الذاتيّة التي تخدم غرضاً معيّناً خارج إطار النّصّ لا تدخل ضمن المساحة الجغرافية التي تتعايش على خارطتها تلك القراءات المتعددة، فهناك كثير من القُرّاء والدارسين الذين يخضعون النصوص لنَزَعات معيّنة تنشط عن سبر أغوارها والتغلغل في أعماقها، مما يؤدى إلى اختلاف الغاية والبعد عن الهدف يقول عبد القاهر الجرجاني: "لا بدّ لكل كلام تستحسنه ولفظ تستجيده من أن يكون لاستحسانك ذلك وجهة معلومة وعلة معقولة، وأن يكون لنا إلى العبارة عن ذاك سبيل، وعلى صحّة ما ادّعيناه من ذلك دليل"[16].

ويلاحَظ في مقولة عبد القاهر الجرجاني السابقة، أنّه يطالب بالقراءة التأمّليّة والايماءات المنبثّة بين تراكيبه، وفي ذلك استثناء القراءات العابرة والانطباعات الهشّة التي تلجأ إلى لغة الإنشاء والعموم.

ولنا أن نعي أن قارئ النص قد يصبح تحت وطأة تأثير قراءات سابقة، إمّا سلباً وإما إيجاباً، لأنه لا يمكن أن توجد قراءة متحررة من ثقافة قارئها ومكوناته المرجعية[17]. كما هو الحال بالنسبة للنص نفسه الذي يعد تجربة حاضرة لتجارب إنسانية ماضية، فأصبح نسيجاً من هذه التجارب، ولكنها ليست هي، على حد تعبير Habermas[18].

وقد أشار نقاد العرب الأوائل إلى شيء من هذا ضمن حديثهم عن الأخذ أو ما اصطلح عليه بالتناص؛ قال أبونواس عن نفسه: "ما قلت الشعر حتى رَوَيْت لستّين امرأة من العرب غير الخنساء، فما ظنك بالرجال!! وإني لأروي مائةَ أرجوزة لا تُعرَف"[19]. ولهذا يخرج النص الشعري مُشبّعاً بتجاربَ إنسانيّةٍ سابقةٍ انصهرت في تلقائية الإبداع وهي ما أطلق عليها Leikch: تَداخُل النّصوص[20]. مع عدم القبول المطلق بمفهوم التناص الذي وجد عند "جولا كرستفا" أو غيرها من النقاد الغربيّين[21].

وانطلاقاً مما تقدم نستطيع الحديث عن المفاتيح التي يمكن من خلالها الولوج إلى أعماق النص والوقوف على متاهاته وتحوّلاته دون أن يكون هناك إصرار تعسُّفيّ على عدم تجاوز هذه المفاتيح إلى مفاتيح أخرى، لأن القضية تخضع للاختيار المنهجي، ولذلك فسوف يكون الباب مواربًا لإحضار أو إقصاء المفاتيح الملائمة لكل قارئ، علماً بأن لغة النص تأخذ حيّزاً أساسيّاً في أي قراءة منهجية منتجة، مع التأكيد على تلك الوشائج القوية التي تربط بين هذه المفاتيح كي تجعلها في موضع تناغُمٍ وتجانُسٍ لا تنافر وتغاير، مع مراعاة قدرة القارئ وسلامة منهجه.

ويمكننا الحديث هنا عن بعض المفاتيح التي تمثل مقومات النص الشعري وتغري بالبحث عن كوامنه وتجلياته المنسكبة في عدة أنماط تعبيرية أهمها:

أ- الدلالات: حيث تمزق الألفاظ معانيها المعجمية المعرفية القريبة إلى معان ورموز تعبيرية تحلّق من خلالها بالنص إلى عوالمَ فضائيّة رحبة، فتأخذ إشارات ودلالات تأويلية متعددة، وهنا تتبين قدرة الشاعر وقدرة القارئ أيضاً، فلو أخذنا بيتاً مشهوراً من أبيات الأعشى في مدح المحلق وهو قوله في وصف النار:

تُشَــبُّ لِمَقرورَيْــن يَصْطلِيانِها

وبات على النار الندى والمحَلَّقُ[22]

نقف عند الفعل (تُشبّ)، فليس المراد منه إيقاد النار فقط، وإلا لَحلَّ محلَّه أي فعل آخر يعطي الدلالة المعجمية نفسها، مثل (تُوقد) وغير ذلك، ولكن قوله (تشَبّ) لفظةٌ مشبعةٌ بالكرم والعزّ والشرف، لأنه يفتق الدلالة القريبة إلى دلالات بعيدة، فالنار المشبوبة لها لهَبٌ وألسنة من عظمها؛ لأن صاحبها يريد الأضياف أن يهتدوا إليه. وفي كل هذا إيماء إلى شرف صاحب هذه النار وعلو شأنه، وما زال هذا الاصطلاح سائداً عندنا إلى هذا اليوم فيقولون: فلان نارُهُ مَشبوبةٌ، أي كريم وشريف. ويتردد هذا كثيراً في الشعر الشعبي أو ما يسمى بالنبطي في الجزيرة العربية. ومما زاد الفعل (تشب) اندفاعاً وتحليقاً أنه بني للمجهول ففسح في المجال للتقدير والتخمين؛ فهنا تجاوزت اللفظة دلالتها الحرفية إلى دلالات تتابعية مختلفة تثير إشاراتٍ متدفّقةً ومتجددةً على مر الأيام.

وكذلك الحال بالنسبة للفعلين "يصطليانها" و"بات"؛ ففيهما من التراكم الدلالي ما يغري بالتنقيب والحفر في زوايا هذه الألفاظ، ولو واصلنا فيه البحث لطال بنا الوقوف.

ب - التراكيب والصيغ: وفيها يمارس النص لعبة المراوغة والمد والجزر وضبط تشكيل الجهاز الداخلي للجمل، وهي التي تعطي النص حيوية تغري القارئ بمحاورته وتحديه للنزول في ميدان السباق والصراع، وأي اختلال في هذه التراكيب يؤدي إلى اهتزاز قيمة النص الشعرية والمعرفية؛ يقول ابن خلدون: "الصورة ينتزعها الذهن من أعيان التراكيب وأشخاصها، ويصيرها في الخيال كالقالب أو المنوال، ثم ينتقي التراكيب الصحيحة عند العرب باعتبار الإعراب والبيان، فيرصُّها فيه رصّاً كما يفعل البناء في القالب أو النساج في المنوال"[23].

وقد اهتمّ النقاد والدارسون في تراثنا العربي بجوانب الدلالات والتراكيب اهتماماً كبيراً لا سيّما علماء اللغة وأصحاب البلاغة والمجاز، فأفردت له كثير من الأبواب والفصول، وخصوصاً عند النقاد الذين اتّكأوا على فكرة الإعجاز مثل عبد القاهر الجرجاني والرماني والخطابي، وكذلك الجهود التي بذلها علماء النحو واللغة مثل سيبويه وابن جنّي وغيرهما.

وقد أطلقوا على سلامةِ تراكيب الجمل وصيغها حسن التأليف، ولا يتسع المجال هنا للإسهاب والتفصيل أكثر من ذلك، ولكن لا بد من التنويه بأن عبد القاهر الجرجاني ربط هذه القضية بالنحو ربطاً كبيراً وعالجها بشكل أوسع كما سوف نرى في الفقرة التالية: ولا شك أن المعنى يتجسد في ذهن القارئ من خلال ترتيب هذه التراكيب ولذلك قيل بأن ترتيب المعاني يكون في الذهن[24]. فأي تقديم أو تأخير أو حذف أو إضمار في الجملة يسد ثغرات معينة في بناء النص، مما يجعل القارئ متلهفاً للإمساك بتلابيب المعنى، فلو أخذنا على سبيل المثال بيتين من قصيدة الحطيئة المشهورة "كرم أعرابي" وهما قوله في وصف حمر الوحش:

فبينا هما عفّت على البعد عانـــة

قد انتظمت من خلف مسحلها نظما

عطاشاً تريد الماء فانساب نحوَها

على أنّه منـــــها إلى دَمِها أظما[25]

في هذين البيتين وصفٌ للأعرابي وابنِه وهما يتحاوران لإيجاد الحل المناسب لمشكلتهما، وهي إكرام الضيف، فقال: "فبينا هما"، فهنا حذف الخبر ليفسح المساحة أمام القارئ للتقدير والمشاركة في بناء النص، فيحتمل أن يكون، فبينا

هما واقفان أو جالسان أو ينظران أو غير ذلك، كلٌّ حسب مقدرته ورؤيته علماً أن الصياغة التركيبية للجملة تحتمل ذلك.

ويمكن أن نقول مثل هذا في قوله "نظما"، حيث حذف الوصف لأنه لا لزوم له أو لا شأن له في السياق، فالمراد النظم وحده وليس صفة ذلك النظم، فلا ضيرَ أن يكون نظماً دقيقاً أو كبيراً أو غير ذلك، ولأن وقت الأحداث وملاحقتها في النص لا تسمح بالإطالة.

ويمكن أن نقف في البيت الثاني عند كلمة "عطاشا" فرتبتها النحوية التأخير لأنها حال، ولكنها قدّمت لتغيّر مسار سفينة النص، فأهم ما جاء بهذه الحُمُر هو العطش، ولذلك أخذ الصدارة أو الشأن الأكبر، وقال سيبويه أن العرب إذا اهتمت بشيء قدمته.

فمثل هذه التراكيب واختلافها، يجعل القارئ في لعبة كَرٍّ وفَرٍّ وأخذ وعطاء مع النص الأدبي. وما قلناه عن التقديم والتأخير والحذف والإضمار يمكن أن يقال عن الوصل والفصل والنفي والإثبات والقصر والاختصاص، وغير ذلك من نظام الجملة الشعرية وآليات الأداء اللغوي التي تساهم في الكشف عن شاعرية النص.

ج - الأصوات: ليس الغرض هنا دراسة الأصوات بشكل خاص

والوقوف عند أقسامها وأبعادها وصفاتها واختلاف العلماء حولها، فمثل هذه الدراسات تتصل بالقراءات القرآنية واللهجات العربية، ولكن الهدف من ذلك استشراف الزوايا البعيدة في أغوار النص، والتي تلتحم بالبناء التكاملي لمكوناته المختلفة وقدراته المتعددة.

وقد تحدث النقاد والدارسون قديماً عن ارتباط الصوت بالنصّ، من خلال حديثهم عن القافية والتزام الحروف بالحركات والسكون، وإجراء المقطع أو حرف الروي عليها، فأفاض حازم القرطاجني في هذا الجانب ضارباً بعض الأمثلة التطبيقية من الشعر العربي[26].

ولقد اهتم الخليل بن أحمد وسيبويه وابن جني وابن سينا وغيرهم، بدراسة مخارج الحروف وصفاتها وتدرُّج خروجها من الحنجرة والحنك ومرور الهواء اللازم لها أثناء النطق واحتكاكاتها باللسان والحلق، وكلُّ ذلك كان خدمة القرآن الكريم وتجويده، وحفاظاً على الأصوات العربية كما نطقها أهلها في العصور الأولى[27].

ولا شك أن جهود هؤلاء العلماء كانت وصفية تجريبية، أما الآن فقد تطور علم الأصوات تطوراً كبيراً نظراً إلى دقة الأجهزة ومعامل التشريح ومختبرات الصوت وازدادت أهمية هذا العلم حينما اتصل بالنظريات الفونولوجية

وميادين علم النفس، وأصبح يتدخل في ظواهر النطق والسمع عند الإنسان لمعالجة مشاكلها وعيوبها. وكذلك أصبح مهماً بالنسبة لهندسة الاتصالات وإرسال الإشارات الكلامية، فتمدد إلى حقول أخرى مثل الفيزياء والإحصاء والفسيولوجيا والتصوير السينمائي وغير ذلك[28].

وليس من شأننا هنا البحث في هذه الجوانب، وإنما نريد الوصول إلى ارتباط اللفظة أو الجملة من حيث الصوت بالدلالات والأحداث التي يقوم عليها النص، واختيار الألفاظ الملائمة صوتيّاً للإنتاج الدلالي وحركة الصور والإشارات التي تحتضنها القصيدة المبدعة، "بما لبعض الأصوات من قدرة –مهما تكن درجاتُها- على إحداث تأثيرات معينة عندما تتوافق القيم الصوتية مع حركة الشعور عند المتكلم أو عند السامع[29].

ولا أريد هنا أن أركز على الصوت كقوّة فاعلة في النظام الموسيقي للشعر، ولكن بكل بساطة يمكننا القول بأن هناك تشكيلاً صوتيّاً منسّقاً مع أحداث القصيدة وجَوّها العامّ، ضمن منظومة من الألفاظ والجمل التي تتسق مع المعنى المراد وتتناسب مع الدلالات والقرائن، لتكوين حشد من العلاقات والروابط التي تمنح النّصّ طاقات شعرية متجددة وتغري القارئ بالمشاركة في أحداثه ومفاجآته، وبذلك تصبح الأصوات في النص علاماتٍ يهتدي بها المتلقي

إلى الدخول مع المبدع في شبكة الحركة والصراع الدلالي الذي يجعل النص في حالة يقظة دائمة. يقول الفارابي: "التصويتات التي يجعلونها علامات يدل بها بعضهم بعضاً على ما في ضميره مما كان يشير إليه والمحسوسة"[30].

وهناك ارتباط واضح المعالم بين التموّج النفسي عند المبدع أو السامع وبين الحركات الارتدادية للأصوات التي تتحكم في الألوان والخطوط وأشكال الصور التي يتكون منها النص الشعريّ، ليصبح في حركة دائبةٍ وارتفاع وانخفاض وتوتر وهدوء، حسب البنية الصوتية المعبرة عن الحالة، فلو تأملنا على سبيل المثال بيت الحطيئة في قصيدته السابقة "كرم أعرابي"، حينما يستجمع القناص قواه للسيطرة على أعصابه وكتم أنفاسه حتى يتحقق له النيل من طريدته، فنشعر أن البيت يرسم ذلك الموقف بكل دقة من خلال أصواته المهموسة التي انتشرت في البيت لتجعله في موضع سكون مصطنع يقول الحطيئة:

فأمهلهـــا حتى تَرَوَّتْ عِطاشُــــها

فأرســـل فيها من كِنانَتِه سهْما[31]

فقد احتوى البيت على ثمانية عشر حرفاً مهموسا جعلته في: حركة خافتة وسكون رهيب يعبر بكل دقة عن الموقف الذي يحدد به الأعرابي مصير أسرته وكرامتها. واجتمعت السين

والهاء في قوله "سهما"، لتُمثّل صوت الأزيز الذي ينتج عن انطلاقة السهم إلى الرمية.

وقد تنبّه الأقدمون إلى ارتباط بعض الحروف بالشعور النفسي والحالة المعبرة عن ذلك فقالوا: بأن الميم تدل على الأنين والعين تدل على الجلبة والضوضاء إلى غير ذلك.

ونستطيع القول: إن الصوت طاقة فاعلة في توليد المعاني والصور يُخرج النص من حيز التجربة الذاتية الضيقة إلى فضاء المدارات الإنسانية الرحبة.

د - علاقات مرجعية بين النص والقارئ: على الرغم من الدعوات الصارخة التي تحاول أن تعزل النص عن مبدعه ومكوناته التاريخية والبيئية والاجتماعية وغير ذلك، إلا أن النص يبقى متمسّكاً بمرجعيته وظروفه الزمانية والمكانية، بل إن بعض النصوص يصعب تفسيرها إذا قرأناها بمعزل عن هذه السياقات؛ فلو أننا اصطدمنا مباشرة مع بيت أبي تمام في مدح المعتصم من قصيدته "فتح عمورية"، دون أن نعرف الظروف المحيطة والأسباب والحوادث التي صاحبت النصّ، فسوف نجد صعوبة في تجميع أجزاء الصورة التي يتولد عنها الاندماج مع المعنى والتفاعل معه وذلك حينما قال:

لبيــت صــوت زبطــري مرقت له

كأس الكرى ورضاب الفرد العرب[32]

فلو لم يكن لدينا علم بحادثة المرأة العربية التي اعتدى عليها العلج فصرخت "وامعتصماه"! لأشكل علينا توليد المعنى في صورته المكتملة، وبهذا يصبح التاريخ وغيره من السياقات الأخرى رافداً أو معبّراً لهجرة النصوص المبدعة إلى ذرى القيم الجمالية الخالدة.

وفي ختام هذه الدراسة، فإني على يقينٍ تامٍّ أن قراءة النص الشعري لا يقلّ إشكالاً عن الشعر نفسه والاختلاف حول لغته وأبعاده، خصوصاً وأن القراءات تتطور وتنمو بِنموّ ثقافة وحضارة ووعي هذا الإنسان.

الهوامش:

1. الخطيئة والتفكير، 26.

2. جريدة الرياضي السعودية، العدد 9873 تاريخ 6141/2/8هـ الموافق 6/7/1995 م.

3. راجع مدخل إلى علم الأسلوب، 47.

4. في آليات النقد الأدبي، 69.

5. اتجاهات البحث الأسلوبي، 211.

6. وممن حاول أن يسد علم الأسلوب إلى جذور التراث: الدكتور محمد عبد المطلب، يقول: "ويمكن القول إن الأسلوبية شكل بلاغي جديد"، قضايا الحداثة ص 21. وفي الواقع فإنني لا أتفق مع مثل هذه الآراء التي تغفل تاريخية العلوم ومعرفتها.

7. اتجاهات البحث الاسلوبي، 213.

8. دلائل الاعجاز، 242 – 243.

9. مجلة فصول، المجلد السادس، العدد الثاني 69.

10. دلائل الاعجاز، 242 – 243.

11. الأغاني، 190/1.

12. الذخيرة، 1/1 297.

13. في الشعرية.

14. الذخيرة، 1/1 545.

15. الأغاني، 33/4 – 34.

16. دلائل الإعجاز، 33.

17. Pour une esthétique de la reception p. 50.

18. knowledge and human interests. p.p. 171-173.

19. أخبار أبي نواس، 54.

20. Deconstructive criticism: p.59,

21. Semiotica. p.66.

22. ديون الأعشى الكبير، 225.

23. مقدمة ابن خلدون، 5.

24. دلائل الاعجاز، 41.

25. ديوان الحطيئة، 272.

26. يقول حازم القرطناجي عن القافية: قال بعض العرب لبنيه: (اطلبوا الرِّماح فإنها قرون الخيل وأجيدوا القوافي فإنها حوافر الشعر أي عليها جريانه واطراده، وهي مواقفه. فإن صحت استقامت جريته وحسنت مواقفه ونهاياته). انظر: المنهاج، 271 – 282.

27. لمزيد من التفصيل، انظر: الأصوات اللغوية، 7 – 19.

28. انظر: الصوتيات، 6 – 10.

29. اتجاهات البحث الأسلوبي، 33.

30. كتاب الحروف، 137.

31. ديوان الحطيئة، 272.

32. ديوان أبي تمام، 16.

المفردةُ من العصر الجاهلي إلى العصر الحديث

أ.د ناصر شبانه

تحاول هذه الورقة العَجْلى تتبُّع تطور المفردة الشعرية عبر العصور الأدبية، إذ إن المفردات اللغوية في تجدد مستمر، وحركة دائبة، قوة وضعفاً، حياة وموتاً، سكوناً وحركة. ويفترض هذا البحث أن الشعراء هم حراس اللغة، وهم سدنتها، بهم تنشأ، وعلى أيديهم تتطور وتكبر، ولديهم أساليبهم وطرقهم في إنتاج المفردات والصيغ اللغوية الجديدة، كما أن للبيئة دوراً في نشوء المفردات، وفي منحها عمرها المفترض، كما أن لها دوراً في موتها وانقراضها.

ويحاول الباحث أن يبين أثر الشعراء في تسمين المعجم اللغوي، ودورهم المهم في الاستعمال الفعلي للمفردات والصيغ، إذ لا يعول على المعجم اللغوي وعدد مفرداته ويكتفى بذلك، بل لا بد من رصد المفردات الفعلية المستعملة في كل حقبة من الحقب، فالاستعمال الفعلي للمفردة هو الذي يحدد وجودها من عدمه.

ويغلب على هذه الدراسة المنهج التاريخي الذي يتتبع الظاهرة اللغوية في العصور المختلفة، وبالترتيب المعتمد لدى

مختلف النقاد، دون الالتزام الصارم بهذا المنهج، فثمة مرونة كافية للتنقل بين قضايا عديدة مختلفة تنهض بين الحين والآخر، ابتداء بالعصر الجاهلي، مروراً بالإسلامي والأموي والعباسي والمملوكي والعثماني، وانتهاء بالعصر الحديث، الذي يعد عصر الانفجار المعرفي واللغوي كذلك.

إطلالة أولى:

لا يطمح هذا البحث إلى أكثر من تقديم صورة بانورامية عامة وعجلى للمشهد الشعري العربي عبر العصور، مستهدفاً تتبع حال المفردة الشعرية وعلاقتها بالمعجم اللغوي الذي هو في تغير دائم ومستمر، فعلى الرغم من الثبات الظاهر الذي يتراءى لنا في المعاجم الموضوعة، وبيوت المفردات المكرّسة؛ غير أن حركة المعاجم اللغوية لا تتوقف، فتغيراتها كثيرة وسريعة، وتحوُّلاتها دائبة ومستمرة، فثمة حياة وموت، وثمة هجرة وإقامة، وثمة هزال وضعف، أو قوة ونمو، ثمة مفردات جديدة تدخل إلى المعجم، ومفردات تغادره وتهاجر إلى سواه، ثمة مفردات تهزل ثم تموت، ومفردات تتحول وتتحور، ومفردات تبدل دلالاتها، ومفردات تبدل هيأتها بسوابق أو لواحق، كل ذلك رهن بأحوال المفردات ومستعمليها، فالمفردة لا تحيا إلا بالاستعمال، ولا تموت إلا بالهجران والإهمال.

كل هذه الأعراض التي تصيب المفردة تجعل المفردات

كالكائنات الحية التي تنشأ من العدم، وتمر بأطوار ومراحل تبدأ بالمرحلة الجنينية، ثم الطفولة ثم المراهقة ثم الشباب ثم الرجولة والكهولة، ثم الشيخوخة والهرم ثم الموت، ولعل الأسباب التي لها يد في ذلك التحول والتطور عديدة وكثيرة، ومن أهمها: البيئة، ومدى الانفتاح على الآخر والاختلاط به، ومدى مناسبة المفردة للعصر، وقدرتها على التعبير، وملاءمتها لذوق الشاعر، وقدرتها على التعبير عن أفكاره وأحاسيسه، فالشعراء هم المعنيون حقاً بالمفردة الشعرية واستعمالها وتطويرها وخلق أشباهها من المفردات.

وللشاعر طرقه العديدة في سياسة المفردات، فقد يستمر في تداولها واستعمالها على نهج السابقين، وقد يهجرها وينساها لتتحجر بين سطور القصيدة السابقة، فتتحنط في متحف التاريخ، وقد يسعى إلى استعمالها في غير الاستعمال السابق، فيمنحها بعداً جديداً وعمراً مديداً، كأن يستعملها في موضع المجاز لتتزحزح عن موضعها السابق فكأنها مفردة جديدة، وقد تستعمل لتشير إلى ضد معناها فيكون استعمال بالقلب، ولعل هذا الأمر هو المسؤول عن ظهور الأضداد في اللغة، وقد يلجأ الشاعر إلى التحوير الكلي أو الجزئي في بنية الكلمة بالاشتقاق أو بالنحت فيحيي المفردة القديمة في قوام جديد، وقد يوجِدُ مفردة جديدة باللواحق والسوابق على الكلمة القديمة، أو بتعريب الأعجمي وإدخاله في نطاق القصيدة ليكتسب عربيته وصيغته الاشتقاقية المناسبة.

المفردات: عرائس القصيدة المبهجة:

تبدو المفردات خارج القصيدة كائنات مطفأة، شديدة العادية، سافرة الرتوبة، فلا وهج ولا ضياء، تعمل على وظيفة مألوفة هي التوصيل والإبلاغ، كما تبدو عبئاً على المعنى الكسيح، فتقوم بحمله على عكاز التراكيب اللغوية، والجمل القارّة المحايدة، ويبدو القارئ وهو ينظر إليها كغشاء لا بد من تمزيقه، وكقشرة الفاكهة التي لا وصول للثمرة إلا بتقشيرها والتخلص منها، تلك هي اللغة التوصيلية، التي تصطف فيها المفردات على هيئة عربات القطار التي يجرها المعنى، وتبدو خادمة مخلصة له[1].

وحين تدخل المفردات إلى كون القصيدة تبدو أكثر حرية وإشراقاً، وتغدو هدفاً بحد ذاتها، ترنو إليها القلوب والأبصار، وهي تتهيأ لقارئها كما تتهيأ العروس لإلفها، تتزين بكل أدوات الزينة، وتتجمل بكل فنون التجميل، لتغدو القصيدة وكأنها بيت تجميل المفردات، ويتنحى المعنى جانباً بعد أن يفقد سلطته على المفردات، ويفقد سوطه اللهاب، فتخرج المفردات على قارئها وهي تحتفل بالفن والجمال، وتبدو بخيلائها أعلى من المعنى، وأقرب إلى الخيال، فتتمرد على المعجم اللغوي، وتتجاوز حدود الدلالة القارة البليدة، لتمنح المعاني عمرها الجديد، وامتدادها البعيد.

وحين يطلب الشاعر سرب المفردات إلى بيت القصيدة؛

فإنه يعيد إنتاجها لتحمل دلالاتها الجديدة، وتتخلص من أسمالها البالية، فيغدو للمعنى معنى آخر، ويغدو النص الشعري متعدد الطبقات، يشع بالدلالات المراوغة التي تتأبى على قارئها الشغوف باكتشاف الجديد، وتقريب البعيد، ولا يكتفي الشاعر بتحرير المفردات من عقال معجمها المحدود، بل يسعى إلى اكتشاف مجال مفرداتي موازٍ تتوالد فيه المفردات وتتكاثر، ويغدو للشاعر معجمه الخاص الجديد، وعائلته الجديدة من المفردات التي ينحتها أو يولدها لتسمين المعجم اللغوي وزيادته باطراد، وبهذا يغدو عمل الشاعر سائراً باتجاهين: تفعيل المفردات الشائعة بالاستعمال الشعري الذي يمنحها الحياة، واستيلاد مفردات جديدة توسع جنبات المعجم اللغوي بوساطة طاقاته الشعرية الخلاقة، وبقدر ما تمنحه اللغة نفسها من إمكانات وصلاحيات يحتاجها الشاعر للتغلب على ضغوط الحدود اللغوية التي تجبره على البقاء ضمنها، وتمنعه من التجاوز أو التحليق.

الجاهليون من الشعراء: حراس المفردات ومشغّلوها:

لم توجد المفردة اللغوية إلا لتستعمل، والاستعمال هو الذي يقرر حياة المفردة من موتها، فكلما تدوولت المفردات، وثبت استعمالها على ألسنة الشعراء كتبت لها الحياة، ومتى تم هجرها ذوت وماتت، ولعل مما كان يقصد بأحد أركان عمود الشعر

عند القدماء وهو "جزالة اللفظ واستقامته" هو الاستعمال، "والمستعمل ما قد عمل به سماعاً عند العرب الفصحاء، أو قياساً مطرداً مع معيارية اللغة"[2]، ومن أقدر من الشعراء على منح المفردات حياتها وموتها؟ إن إدخال المفردة اللغوية بيت القصيدة يمنحها إكسير الحياة، ويكتب لها عمراً مديداً، وربما يكتب لها الخلود المتأتي من خلود القصيدة ذاتها، وفي أقل تقدير فقد تمنح حق البقاء ولو بالتحنيط حين تودع في متحف المفردات، وبحسنة الاستعمال يخرج الشاذ والنادر والقليل والمهمل والمعدول عنه عن بند الجزالة والاستقامة في عمود الشعر[3].

وإذا كانت بنود عمود الشعر مقسمة ما بين اللفظ والمعنى؛ فإن ما يخص اللفظ منه مرتبط "بالجزالة والاستقامة والمشاكلة للمعنى، وشدة اقتضائه للقافية[4]، ما يعني أن اللفظ قد حظي بجزء مقسوم من اهتمام الناقد العربي؛ لأنه طريق المعنى ووسيلة تخليقه.

لقد راح الشعراء الجاهليون ينهلون من الينبوع ذاته، ويفكرون داخل الصندوق، فيكررون المفردات ذاتها، لتثبيتها وتوكيدها، خوفاً عليها من الضياع، ولم يكن في دائرة اهتمامهم زيادة المفردات أو توليدها، بل الحفاظ على المفردات ذاتها خوفاً من موتها أو انقراضها في عصر الرواية الشفهية التي تموت فيها المفردة بموت الراوي، وهذا الخوف الوجودي على حياة المفردات جعل الشعراء الجاهليين يضعون المفردات على

أهبة الاستعمال المستمر كي لا تختنق أو تموت، ومع تكرار المفردات تكررت المعاني والتراكيب والصيغ اللغوية، حتى بات ذلك مثار شكوى عند الشعراء، فها هو الشاعر الجاهلي زهير بن أبي سلمى يشكو من المعاد من القول واللفظ، يقول:

مـــا أرانا نقــول إلا مُعاراً

أو مُعاداً من لفظنا مكرورا

ولعل هذا النهج هو ما أشار إليه شوقي ضيف حين قال: "الشعراء كانوا يرددون معاني بعينها، حتى لتتحول قصائدهم إلى ما يشبه طريقاً مرسوماً، يسيرون فيه كما تسير قوافلهم سيراً رتيباً، وكانوا هم أنفسهم يشعرون بذلك شعوراً دقيقاً"[5]، ولعلهم كانوا يضيقون ذرعاً بهذا النهج الذي كان ضرورياً لتفعيل المفردات وتنشيطها حفاظاً على حياتها، وما كان الشاعر الجاهلي ليفكر في تطوير معجمه الشعري أو تجاوزه بمقدار ما كان يفكر في الحفاظ على حياة المفردات، وإبقائها على قيد التنفس، وإن كانوا يحتالون على هذا النهج الذي يجعلهم يرسفون في القيود بإدخال المفردة في دائرة المجاز كي يمنحوها فضاءً جديداً[6]، ويجعلوها جزءاً من تصوُّرهم الجديد للفضاء النصي، فكان للمجاز وخصوصاً التشبيه دور مهم في تغيير دلالة المفردات وإلباسها لبوساً جديداً لتبدو وكأنها مفردة جديدة. ولعل هذا التّوظيف الإيحائي هو ما يمنح الكلمات طاقتها النفسيّة، حسب تعبير يوسف اليوسف[7].

إن الشاعر الجاهلي كان يعرف مهمته جيداً، ويؤدي رسالته ببسالة، ويعي أن أمر المفردة اللغوية منوط باستعماله لها، ومعلق بحراسته إياها، فكان يقبض على جمر المفردة ولا يبارحها، حتى يضرب بأطنابها في أرض القصيدة فتغدو على أهبة الاستعمال، ولا يسمح لنفسه بالثورة عليها أو إضعافها، حتى يستوي المعجم اللغوي على سوقه، ويضرب في الأرض بجذوره، ثم يقيّضُ الله تعالى للمعجم من الأجيال اللاحقة من يوسع جنباته، ويضيف إليه من روحه، ولهذا بقي العديد من المفردات الجاهلية في عصرها، ولم تستطع مغادرة عصرها إلى العصور التالية. تأملْ قول الشنفرى:

دَعَسْتُ على غطشٍ وبغشٍ وصحبتي

سُعارٌ وإرزيزٌ ووجرٌ وأفكلُ

إن استعمال المفردات اللغوية ذاتها في البناء الشعري، قد ترتب عليه بناءات مكرورة مشابهة من الصيغ اللغوية، والبناءات الأسلوبية، والصنوف البلاغية، حتى ضاقت أنفس الشعراء ذرعاً بهذه البنى المكررة، فراحوا يشكون من هذا الواقع الشعري، فرفعوا عقيرتهم بالشكوى، كما فعل عنترة:

هل غادر الشعراء من متردَّمِ

أم هل عرفت الدار بعد توهمِ

ولحسن الحظ أن الحقبة الجاهلية كانت على وشك الأفول، حين

شع نور الإسلام في بطن مكة، وانتشر ذلك الضياء ليعم العالم كله، حينئذ بات للمفردة الشعرية شأن آخر في العصر اللاحق.

العصر الإسلامي والأموي: تجاوز حالة الثبات وتسمين المعجم الشعري:

جاءت الرسالة النبوية الشريفة إيذاناً بانطلاقة المعجم الأولى بعد حالة من الثبات النسبي كان الشاعر فيها ينفض الغبار عن مفرداته، محاولاً تثبيتها في أرض قصيدته، فنزل القرآن كتاباً سماويّاً بلغة العرب فأسهم في تثبيت المفردات وإحيائها من جهة، وفي رفدها بالمفردات الجديدة من جهة أخرى، بعض هذه الأخيرة عربي لم يلتقطه العربي ولم يستعمله، وبقي في خابية العتمة والنسيان، وبعضها وفد إلى العربية من اللغات الأخرى واستوعبته العربية، وفتحت له باب التعريب، وتأكدت عربيته باستعمال القرآن الكريم له، الذي هو كلام الله تعالى المعجز، المحيط باللغة وأهلها، والقائم على تفعيل اللغة بالاستعمال الفعلي فتوكل بحفظها، ومنحها إكسير السيرورة والبقاء.

وبهذا انتفض المعجم العربي، وخرج من سُباته وجموده، وراح الشعراء يتنافسون في تأثيث قصائدهم الجديدة بمبادئ الدين الجديد، فراحوا يتخلصون تباعاً من صفّ من المفردات المرتبطة بغرض ما من الشعر، وراحوا يصطادون سرباً من المفردات الجديدة الوافدة إلى القصيدة من سماء الكتاب المقدس،

وسيرة النبي صلى الله عليه وسلم، حتى بتنا نميز القصيدة الإسلامية من القصيدة الجاهلية بمعجمها اللغوي، وبمفرداتها المنحازة إلى الدين الجديد، إذ إن الروح الجديدة قد سكبت عطرها على القصيدة ففاحت رائحتها الطيبة، ومضى الشعراء يتنافسون في تخصيب شعرهم بالمفردات الإسلامية الجديدة، ولعلي أخص هنا الشعراء المخضرمين الذين انتقلوا نقلتهم النوعية من الشرك إلى الإسلام، فظهر ذلك جلياً في أشعارهم، وراحت قصائدهم تتحول بفضل معجمها الجديد إلى سمت لم تعتد عليه القصيدة العربية، ونذكر من هؤلاء حسان بن ثابت وكعب بن مالك، وعبد الله بن رواحة، وعبدة بن الطبيب وسويد اليشكري والحصين بن الحمام وسواهم.

وحسبنا أن نذكر شاعراً كالحطيئة، لنعرف كم شكّل إسلامه نقلة نوعية في شعره، فقد انتقل من الفحش إلى التهذيب، وكانت هجرته من مفردات الفحش والبذاءة إلى مفردات التهذيب والأدب صورة عن هجرته من الشرك إلى الإسلام.

لقد راح الشعراء الإسلاميون والأمويون يوسعون جنبات بيوتاتهم الشعرية بالعديد من المفردات التي راحت تتواتر وتتكاثر، بناء على البيئات الجديدة، فالمعالم الحضارية والعمرانية وما يدخل في بنائها من ألفاظ المعادن الجديدة كالزبرجد والياقوت والعقيان والذهب انتقل إلى القصيدة الجديدة، وكذلك ألفاظ الأزياء والملابس[8]، حتى باتت القصيدة العربية تنفض

غبارها، وتبدل إزارها، وتتفلت من بداوتها، للانتقال إلى حالتها الفريدة، وحضارتها الجديدة.

لقد تعددت البيئات الأموية ما بين نجد والحجاز والعراق والشام[9]، وكان لكل بيئة سيماها ووجهتها وأثرها في المعجم الشعري، فالبيئة الحجازية غلب عليها الغزل والغناء، فلانت مفرداتها، وعذبت في الاستعمال الشعري، وتخلصت من حوشيها وغريبها، وراحت تصدح بها حناجر القينات والجواري المغنيات، أما في نجد فما زال الشعراء يعيشون حياة البدو، وما زالوا ينهلون من معجمهم البدوي التقليدي الذي هو صورة عن بيئتهم الصحراوية، وحياتهم الجافة الخشنة، وقد ظهر فيها شعر الغزل، لكنه غزل محافظ عفيف.

في العراق كانت البيئة العراقية منفتحة على حضارتي الفرس والروم قبل الإسلام، وكانت حركة الترجمة عن اليونانية نشطة، مما جعل الشعر في العصر الأموي يفيد من المفردات الأعجمية وبخاصة اليونانية والفارسية، كما ظهر في هذا العصر معجم مفردات جديد مرتبط بحقل الشعر السياسي بوحي من الخصومة القديمة بين الغساسنة والمناذرة، كما أن انتقال الخلافة من العراق إلى الشام قد أشعل الخصومة بين البلدين، فباتت العراق موطن المعارضة للحكم الأموي، وقد اتخذ الصراع بين البلدين كذلك شكل العصبيات القبلية التي استعرت في هذا العصر، بالنظر إلى صراعات قديمة دارت

بين الغساسنة والمناذرة، فبتنا نرى المعجم الشعري يشتمل على حقل دلالات مرتبط بغرضي الفخر والهجاء.

ولعل بيئة الشام وبوحي من فضائها المسيحي قبل الإسلام، وصلتها الوطيدة بالحضارة البيزنطية قد تأثر شعرها بالحضارة اليونانية، فألفينا فيه صوراً من الترف والانغماس في نعيم الحضارة، كما أن وصول صورة الحياة في الحجاز قد أثرت في هذه البيئة الشامية فباتت قريبة الشبه بها من وجود مظاهر الغناء والغزل في حياتها وشعرها.

شعراء بني العباس: ذروة الشعر.. ذروة المفردات:

في العصر العباسي اتسعت رقعة الدولة العباسية، وكثرت موارد الدولة، وازدهرت الفنون والآداب والعلوم، وراح المعجم الشعري يتسع اتساعاً كبيراً، فظهرت حقول دلالات متعددة ومختلفة وسعت جنبات المعجم العربي، ومنه حقل دلالي مرتبط بالمجون وصنوف اللهو والترف والغناء، فلانت معه المفردات، ومالت إلى العامية أحياناً لتصلح للغناء بأثر من الأسلوب المولد الجديد الذي قاده الشعراء الموالي. وحقل دلالات مرتبط بالشعوبية، قاده الشعراء الذين كانت أصولهم غير عربية وغالباً فارسية، وثمة حقل دلالي مترتبط بالزهد الذي جاء ردة فعل على موجة الترف واللهو، فظهرت مفردات الزهد والتصوف.

وظهر المعجم الشعري متأثّراً بالقرآن والسنة النبوية، وحقل دلالات مرتبط بالحركة العلمية النشطة، وانتشار العلماء والكتب والمكتبات، وحركة الترجمة، مما جعل مفردات أعجمية تتسلل إلى المعجم الشعري العربي. وظهر الاعتزال، وراحت مفرداته ومصطلحاته تنتشر في شعر المعتزلة بانية حقلا دلالياً جديداً، كما ظهر الشعر التعليمي، فظهر حقل دلالي خاص به، وازدهر الشعر السياسي: فظهر شعر الدعوة الإسلامية، وشعراء البرامكة، وشعراء الولاة الذين وسعوا جنبات المعجم الشعري بمفرداتهم الجديدة.

ومع ذلك فقد ظل الشعر العربي في عصوره المختلفة يتنفس في جو كلاسيكي خالص[10]، وبهذا النهج ازدهرت الأغراض الشعرية التقليدية، وبخاصة المديح والهجاء، وغلب على القصيدة العربية الصيغة العربية التقليدية، إذ "لم يصل الشعر العباسي إلى درجة الخروج على تقاليد الشعر المرسومة، خذ مثلا ثورة ابن الرومي على التركيز تجدها في نواحيها الأخرى التزمت التشدد الكثير في السلامة التعبيرية، ولم تكن مجنحة في أخيلتها، وكانت قصيدة بذهنية منطقية كلامية، وتأمل ثورة أبي تمام في الاستعارة تجد حظها من الصلابة وافراً في السياق والمبنى، بحيث تنافس الشعر القديم، أما ثورة المتنبي على كثير من الدقة اللغوية والنحوية، واهتمامه بالمعنى؛ فإنها لم تستطع أن تفارق كلاسيكيتها في شدة التركيز"[11].

لقد وعى الشعراء ضرورة البقاء على صلة بالشكل العربي القديم للقصيدة العربية، فظهر اتجاه شعري تقليدي عاد إلى المعجم العربي القديم ونثر مفرداته على مساحات القصائد، مما خلق حقلا دلاليّاً جديداً يعيد إحياء المعجم اللغوي التقليدي، ويترك مفرداته قيد الاستعمال، ولعل ذلك مرده إلى خوف اللغويين من تحضر اللغة حسب تعبير إحسان عباس[12].

ومن المعروف أن المفردة الشعرية لا قيمة لها في ذاتها، بل تستمد أهميتها من طريقة توظيفها، والسياق الخاص بها، فالشاعر الحق هو القادر على تحويل عادية المفردات وثباتها إلى حالة من الشعرية الشفيفة التي تنهض بالنص الشعري، وتأخذ بيده نحو آفاق الشعرية الحقة، وإن أقل المفردات المعجمية استعمالاً وصلاحاً للقصيدة إذا قيض لها شاعر عبقري فإنه يسطيع أن يجعلها قيد الاستعمال والتداول، ويدخلها بيت الطاعة الشعري، فتغدو عاملا من عوامل الشعرية في النص الشعري.

وقد قيض الله للعصر العباسي نخبة الشعراء الذي جعلوا هذا العصر ذروة سنام الشعر على مر العصور، هؤلاء الشعراء الذين مكنوا للقصيدة العربية، وميّزوها عن قصائد سائر العصور، فعرفوا كيف يوظفون المفردة الشعرية، وكيف يسوسونها، ويضعونها في سياقها الشعري الباهر، فتغدو جزءاً من شعرية النص، تأخذ منها وتعطيها، فراحت المفردات في القصيدة العباسية تحلق في النص الشعري كفراشات الحقول، وتمنح النص الشعري ألقه وبصمته.

إن شعراء كالمتنبي والبحتري وأبي تمام وأبي نواس وابن الرومي وأبي فراس والمعري وسواهم لم يكونوا مجرد أرقام في قائمة الشعراء، بل هم الشعر ذاته، فقد أحكموا ضبط المفردة الشعرية، وأنزلوها منزلتها، ومنحوها من عبقريتهم وشعريتهم ما حلق بها بعيداً، وخلصوها من عاديتها وثباتها ومحدوديتها، ومنحوها عمراً جديداً، وطاقة خلاقة، فاضت على باقي الأسطر الشعرية، فباتت مساحات الشعرية في نصوصهم عابقة بكل الروائح الزكية، والألوان المتنوعة العلية.

العصور المتتابعة: أشواق التأثر وصعوبة التجاوز:

في عصر الدول المتتابعة، حاول الشعراء اللعب على شكل القصيدة التقليدية، فظهرت أشكال جديدة من الشعر كالشعر الدوري والرباعيات والموشحات والبديعيات، وتعددت أغراض الشعر ما بين المديح والرثاء والغزل والهجاء والفخر وشعر الطبيعة ومجالس اللهو، والشعر الديني كشعر الزهد والتصوف والمديح النبوي، كما ظهر شعر الفكاهة والشعر الشعبي[13].

وقد تفاوت استعمال المفردات في هذا العصر، فبعض الأغراض الشعرية كانت تفرض على الشاعر العودة إلى المعجم التقليدي كالمدح والرثاء والفخر والهجاء، فقد نشأ بفعل هذه الأغراض حقل دلالات يتصل بمفردات المروءة والكرم والوفاء والشهامة والنبل والشجاعة والحماسة والانتصار والعزة والمجد

والقوة، وأدوات المعركة كالفرس والرسن واللجام والسيف والرمح والغبار والليل وغيرها.

أما الهجاء فقد كان الشاعر يستل له كل أسلحة الذم والتحقير، ومنها السخرية والهزء، وتوظيف المفارقات التي تبرز العيوب الغائرة، وتطمس الحسنات وفضائل الأعمال، بطريقة ماكرة يلتف فيها الشاعر على المعاني الصريحة، ويذكر الشيء بضده، وهو ما سماه العرب بأسلوب "الذم بما يشبه المدح"، وسماه ابن الأثير في مثله السائر بباب "عكس الظاهر".

لكن بعض الأغراض الشعرية فرضت على الشاعر أن يستعين بمعجم لغوي قريب المأخذ سهل التناول كالغزل مثلا، إذ استعان الشعراء بمعجم الحياة اليومية أو اللغة الدارجة في التعبير عن عواطفهم الجامحة تجاه المحبوبة، فراحت أشعارهم تفيض بالسهولة والبساطة والرقة واللطف، مع جمال الجرس واتساق الكلمات، ومع ما يداخلها من ألفاظ الحياة اليومية مثل: "يا نور عيني"، "وقد كان ما كان مني"، مما يجعل شعرهم قريباً من الفهم والقلب[14].

وفي شعر الزهد والتصوف والمديح النبوي يتحول معجم المفردات إلى الجانب الديني، فنجد التّماسّ الواضح بلغة القرآن الكريم، والحديث الشريف، وحِكَم الصالحين، ومفردات التقرب والتزلف، والإقرار بالذنب وطلب الغفران، كما نجد اللغة تقارب

مصطلحات التصوف، بما فيها من معاني الحلول والذوبان في ذات الله العلية، والتوحد، وقد تتطرف اللغة حتى تلامس اللغة الفلسفية، وتسهم إلى حد كبير في إضفاء طابع من الغموض على النص الشعري.

لم يشغل شعراء العصور المتتابعة أنفسهم بتطوير المعجم الشعري، فقد اتكأوا على المعجم العربي المتاح ينهلون من مفرداته، لكنهم انفتحوا على لغة العصر، ولغة الشارع في بعض الموضوعات، فتنازل الشعر عن عرشه المكين، ولم تعد القصيدة للنخبة فحسب، بل باتت متاحة بما امتلكت من البساطة والسهولة لمعظم الناس من محبي الشعر وقارئيه، لقد عرف أدب عصر الدول المتتابعة باحتذاء أدب العصور السابقة، مما جعل بعض النقاد يقللون من شأن الأدب في هذا العصر، ولم تكن المفردات الشعرية لتشذ عن هذا الحكم، فقد اتكأ الشعراء على البنية اللغوية للشعراء السابقين، وكانوا يكتبون قصائدهم وعيونهم مفتوحة على نماذج عليا من الأدب الرفيع، وعيون الشعر العربي القديم، فما زادوا عليهم شيئاً، وكأنهم قد وضعوا لأنفسهم دائرة يتحركون خلالها، لا يتجاوزونها، إلا في القليل النادر، فقرت المفردات في بيوتاتها المعتادة، ولم تغادر دلالاتها القارة، واكتفت لنفسها بما فتح عليها المعجم الشعري التقليدي من معان ودلالات، مما حد من طاقتها، وقلل من فيوضاتها الشعرية وامتداداتها على مساحة النص الشعري.

لقد نمت في نفوس الشعراء "عقدة النقص" تجاه الشعراء المفلقين من عصور الذروة الشعرية، فراحت أشواقهم تتجه صوب تقليد هؤلاء ومحاولة الوصول إلى ذراهم الشعرية، ولم يفطنوا إلى حقيقة أنهم بهذا الصنيع إنما وضعوا عصي العجز في دواليب قصائدهم، وقرروا من تلقاء أنفسهم صعوبة تجاوز هؤلاء أو القفز عنهم، فبقيت قصائدهم تحلق تحت سقف هؤلاء الشعراء، ولم تفكر يوماً بتجاوزهم.

العصر الحديث: عصر أم عصور:

لعل تسمية العصر الحديث من أكثر التسميات إشكالاً، فما معنى الحديث، ومتى سينتهي، ومتى سيصبح قديماً، وهل من نهاية له؟ إنها تسمية لا تحدد ولا تبين، وإذاكان بدء العصر الحديث معروفاً؛ فإن نهايته ليست كذلك، ثم كيف نسميه بالحديث والكلمة ملبسة غير قارّة ولا محددة، فما هو حديث سيصبح قديماً، وهل سيبقى العصر حديثاً بعد مرور ألف عام على سبيل المثال؟

لقد مر على عصرنا الأدبي الحديث أكثر من قرن ونصف وما زلنا نسمي أوائل القصائد فيه بالشعر الحديث، أفلم يغدُ هذا الحديث قديماً، وهل يعامل شعر البارودي كشعر أدونيس ويخضعان للتسمية نفسها؟ أو لم تكن ثورة شعر التفعيلة بكافية لخلق عصر شعري جديد؟

إن هذه التسمية لتطرح إشكالاً كبيراً قد يكون حان الأوان لمناقشته وإقرار تسميات جديدة له، وبخاصة أن العصر الحديث لم يعد عصراً واحداً، بل بات أكثر من عصر مع هذه التغييرات الكثيرة والسريعة، وشعر هذا العصر ليس ذا طبيعة واحدة، فاقتضى هذا تجزئة العصر إلى حقب زمنية بناء على التغيرات الأدبية المهولة التي شهدها.

لا يمكن لنا أن نتعامل مع الشعر الحديث معاملة واحدة، فثمة تيارات واتجاهات ومدارس أدبية وجماعات شعرية، وثمة ما هو حديث، وثمة ما هو حداثي، وثمة ما هو بعد حداثي، فهل ما زلنا نتحدث عن عصر أدبي واحد؟

في العصر الحديث ثمة حقب أدبية متعددة، اختلف فيها التعاطي مع المفردات الشعرية بين حقبة وأخرى، وشهد هذا العصر انفجاراً معرفياً كبيراً، وتطوراً متسارعاً على جميع الصعد، وواكب ذلك ثورات تكنولوجية زادت من تدفق منتجات المصانع العالمية، ومع ظهور هذه المنتوجات تدفقت الأسماء للمسميات الجديدة، وكان لا بد لهذه الأسماء والمصطلحات أن تؤثر في البناء اللغوي للقصيدة الحديثة، فبتنا نقرأ في الشعر الجديد مفردات دخيلة أو معربة تكثر هنا وتقل هناك، لكنها موجودة على كل حال، ومع ظهور وسائل التواصل الاجتماعي والهواتف الذكية راحت تنتشر مثل هذه المفردات والمصطلحات، ولم يجد الشاعر بداً من استعمالها لعدم وجود البدائل العربية، فباتت جزءاً من بنية القصيدة الحديثة.

قبيل بدء دوران عجلة العصر الحديث، وفي نهاية العهد العثماني بالتحديد، كان الشعر العربي قد شهد أفولاً غير مسبوق، وضعفاً وركاكة غير معهودين، لأسباب عديدة معروفة[15]، فبات الشعر عبارة عن أحاجٍ وألغاز، ومحسنات بديعية تتكاثر كالفطر على ماء القصيدة، وألعاب رياضية كحساب الجمل، وصنوف بهلوانية من البناءات المتداعية، وبات الشعر أقرب إلى نظم الفقهاء منه إلى الشعر الجاد، فباتت حقول المفردات تتمركز حول مفردات الفقه الإسلامي، ومفردات التهنئات والتبريكات، ومفردات المدح والتبجيل، ومفردات المدح النبوي المعاد والمكرور، كما باتت المفردات تعاني الضيق والكدر، وهي ترسف في قيود الصنعة والتكلف، فما معنى أن تخلو القصيدة من حروف منقوطة، وما معنى أن تكون كل حروف المفردة منقوطة بالضرورة؟

لقد ألزم هذا الشاعر نفسه ومفرداته بما لا يلزمهما من تعسف وتقييد ظناً منه أنه يأتي بما لم يأت به الأولون، وإذا هو يقيد المفردات، ويجمد المعجم، ويستثني منه نصفه أو أكثر ليكون قادراً على انتقاء مفردات منقوطة الحروف، مع استبعاد كل حرف مهمل، فباتت القصيدة تشكو ضيق الحال، وضعف المجال، وقلة الخيارات، وسقم العبارات.

وحين ظهرت حركة إحياء التراث في نهاية القرن التاسع عشر على يد محمود سامي البارودي ومن يليه من الشعراء

مثل أحمد شوقي وحافظ إبراهيم وخليل مطران، جعلوا نصب أعينهم أن يتخلصوا من سقوط القصيدة العربية السائد في الحقبة السابقة، فسارعوا إلى مشروعهم الجديد لإنقاذ القصيدة العربية من العسف والضعف بلجوئهم إلى استراتيجية واضحة تتمثل في العودة إلى منابع الشعر العربي القديم، وأمهات القصائد، لمحاكاتها وتقليدها، أملا في إحياء القصيدة العربية من جديد، والعودة بها إلى بهائها القديم، وقد نجحوا في ذلك بالقياس إلى الهدف الموضوع، لكنهم عادوا بالمعجم العربي إلى المربع الأول، وراحوا يوظفون المفردات كما كان يستعملها امرؤ القيس وحسان بن ثابت وبشار بن برد والمتنبي، فانبتَّ المعجم عن عصره، وراحت المفردات تتوافد من متحف القصيدة العربية القديمة لتحل محل المفردات الجديدة، وظهر شعر المعارضات ليؤكد هذه الحالة النادرة من التقليد والاستدعاء للمفردات القديمة، فأحيا هؤلاء المعجم الشعري القديم، وتجافوا عن المفردات العصرية، مما حدا بجماعة الديوان التي ظهرت بعدهم إلى رفض هذا المنطق، ممثلة بالعقاد والرافعي اللذين شنّا هجوماً كاسحاً على جماعة إحياء التراث لاتكائهم على التقليد، ومجافاة التجديد، ودعو إلى مواكبة العصر، والصدق والوحدة الموضوعية والعضوية.

ومع حضور "جماعة أبولو" الشعرية وظهور أول بوادر الشعر الرومانسي، بتنا نرى المفردات تغادر دلالاتها الرتيبة،

وتكتسب معاني رمزية جديدة، بعد أن ظهرت المدرسة الرمزية في أوروبا، ثم ظهرت في الشعر المهجري العربي، وباتت المفردة ترمز لا لدلالتها المعجمية، وإنما لمعنى سياقي مختلف عن المعنى المعجمي، فالليل رمز للحزن، والفجر رمز للفرج والفرح، والربيع رمز للعطاء والجمال وهكذا، وكأن الشعراء راحوا يستثمرون الطاقة النفسية للكلمات(16).

ثم يحدث انفجار شعري مدوٍّ، تمثل في ظهور قصيدة التفعيلة وما رافقها من جدال عاصف، لتتبرأ القصيدة علناً من أعراف القصيدة التقليدية، وتحاول الانقطاع عن الشكل التقليدي، وتمتد آثار هذه الثورة الشعرية على المعجم الشعري وحقول المفردات، فتبدو المفردات أكثر عصرية، وألصق بالعصر الحديث، كما تبدو أكثر رمزية، لتدل على غير ما وضعت له من دلالات قارة وراكدة، فباتت تدل على معنى أقرب إلى مقصدية الشاعر ودلالته النفسية منها إلى البوصلة المعجمية، كما شهدت قصيدة التفعيلة توظيف تقنيات جديدة كان له أثرها وانعكاسها على بنية المفردات، وحقول الدلالات، فللتناص مثلا انعكاسه على تلك البنية، إذ باستحضار نص سابق إلى مجال النص الحالي، يتم استحضار المعجم اللغوي بأكمله من المدار السابق إلى المجال الحالي، فيتقاطع المعجمان، لإنتاج معجم مختلط في النص الشعري، وتغدو لكل مفردة دلالتان: إحداهما رهن بالحقل السابق، والأخرى رهن بالنص اللاحق.

إن المجال المفرداتي لقصيدة "لا تصالح" للشاعر أمل دنقل على سبيل المثال، ليجعل لكل مفردة صوتها في الحكاية المستدعاة، وصداها في الحكاية الماثلة، وما بين "الصوت والصدى" تغدو المفردات وهي تتشح بقمصان ملونة باللونين الأبيض والأسود، فلكل مفردة دلالتها المرتبطة بالحكاية الشعبية العربية، ودلالتها الحالية المرتبطة بالحدث الراهن، وتنقسم بهذا الحقول الدلالية إلى حقلين رئيسين، لكنهما يتماهيان ويمتزجان حتى لا يمكن للقارئ الفصل بينهما إلا لأغراض النظر والتمحيص، ولعلها المرة الأولى في تاريخ الشعر العربي التي تغدو كل مفردة في النص الشعري تؤشر ليس فقط إلى دلالتين: معجمية وسياقية، بل إلى مجالين رؤيويين مختلفين.

إن التناص الذي يعمل على انقسام النص الشعري، بل إلى انشطاره وتشظيته، يحمل المفردة إلى مجالها الجديد، مع بقاء قدرتها على التعبير عن نفسها بقوة في الفضاء الأصيل، مما يمنحها قوة مزدوجة، ويمتعها بعمرين بدلا من عمر واحد، وحين يفقد القارئ أحد الخيطين ستغدو رؤيته قاصرة عن الإحاطة برؤية النص، أو تحقيق التناص الفعلي في النص الشعري.

ولعل هذا الأمر يتكرر بوضوحٍ أكبرَ في تقنية المفارقة(17)، التي تشكل انقلاباً في الرؤية، وينعكس ذلك على المفردات التي لا تنزاح عن موقعها بحساب وحذر، بل تغادر دلالاتها،

وتهجر مجالها الدلالي لتنقلب انقلاباً كلياً على دلالتها المعجمية، منحازة إلى المعنى الضدي أو العكسي، إن المفارقة التي أكثر الشعراء المحدثون من استعمالها على سبيل التهكم والسخرية، تمكنت من تخليص المفردات من كل رواسب المعجم ودلالاته الرتيبة، ومثلت ثورة مكنت المفردة من هجرة وطنها إلى وطن جديد تغدو قادرة فيه على قلب الدلالة بالاستعانة بضدها، وهو انقلاب لم تعرفه المفردة الشعرية على مدى تاريخها، والمفردة بالمفارقة تغدو مراوغة وخادعة، ولا تقبل لنفسها بأقل من الثورة الكاملة، والانقلاب التام على الدلالة.

إن من ارتدادات الحداثة الشعرية ضياع المفردات، وانقطاعها عن دلالتها التي هي جزء منها، ولا تنفصل عنها، وفقدان مجالها الدلالي يجعلها متاحة للاستعمال بطريقة حرة أشبه ما تكون بالسقوط الحر من فم الشاعر، ويتلقاها القارئ عبئاً ينبغي عليه تجاوزه، غير أن فقدان القرائن وضياع البوصلة لا يوصله إلى إي نتيجة.

وفي تضاعيف الحداثة الشعرية ظهرت أصوات نشاز تطالب بكتابة القصيدة بالعامية، في محاولة لتحييد الفصحى والقضاء عليها، في صوت هو امتداد لدعوات استشراقية أرادت هدم أس من أسس الأمة العربية، فظهر من الشعراء من حاول الكتابة بالعامية، وبخاصة جماعة "شعر"، ومنهم سعيد عقل، لكن كل ذلك لم يفلح ولم يغن عن اللغة الفصيحة، فارتدت العامية على أدبارها، وعادت إلى فضائها الشعبي[18].

وخلال تجربة شعر التفعيلة والنثر، كان ثمةَ اتّجاهٌ شعريٌّ ما زال يحافظ على شكل القصيدة التقليدية، ويرفض الانصياع لموجات الحداثة الشعرية، كالشعراء محمد مهدي الجواهري، وعبد الرزاق عبد الواحد، وعبد المنعم الرفاعي، وسعيد يعقوب، وعبد الله البردوني، ممن حاولوا عصرنة القصيدة باعتدال، بعيداً عن المبالغة والإسراف، فظهرت قصائدهم في ثوب عربي أصيل، مع قدرتها على مواكبة العصر بالمفردات والصور، فلاقت قبولا من طائفة من الجمهور، وبقيت مفرداتها تزهو بعصريتها وقربها من روح العصر، وبقيت قريبة المتناول، لينة الحضور، يلقاها القارئ بالترحاب والبشاشة، ولعل الحس الجاهلي ما زال مرافقاً للعديد من القصائد الحديثة، إذ يرى بعض النقاد أن لغة بدر شاكر السياب مفعمة بالحس اللغوي الجاهلي، وإن لم تكن لغة جاهلية على الإطلاق[19].

وقريب من هذا شعر المقاومة الفلسطينية، الذي بشر بأدب رسالي، وظل الشاعر يحاول الموازنة بين رغبته في القتال بالشعر، ورغبته في تحقيق الأفق الجمالي والشروط الفنية لقصيدته، فباتت مفرداته تحلق غير بعيد من أفق القصيدة، تغادر دلالاتها لكنها تترك قرائنها لتدل القارئ عليها، فالقراءة "معرفة مؤجلة لخلق الصور الذهنية تسعى دائماً إلى تحقيق ذلك"[20]، لأن هذا النوع من الشعر لا يحتمل الاستغلاق والانقطاع، فالقصيدة معه أشبه برسالة نضالية عاجلة لا تحتمل التأخير،

وليس أدل على ذلك من قصيدة الشاعر الشهيد عبد الرحيم محمود التي مطلعها:

ســأحملُ روحي على راحتي
وأُلقي بها في مهاوي الردى
فإمّــا حيــاةٌ تســرُّ الصّديقَو
إمــا ممــاتٌ يغيــظُ العــدى

إن ما تحمله الأبيات من وضوح طاغ، وحزم وعزم تمثلا بالسين الحادة المسننة "سأحمل"، والأسلوب الشرطي الذي يضع الشاعر أمام خيارين لا ثالث لهما، ليناسب الموقف المتمثل بالإسراع إلى الشهادة دفاعاً عن الوطن، وردعاً للاحتلال، بعيداً عن الخوف والتردد ولغة الطين والعجين. وقد بدت المفردة الشعرية في شعر المقاومة كالرصاصة التي تنطلق من فوهة القصيدة أملا في قتل المحتل، وطرده من الوطن، مهما تعددت التقنيات الفنية، والأدوات الأسلوبية.

الهوامش:

1. للتفريق بين المعنى والدلالة انظر: عبد الرحمن القعود، الإيهام في شعر الحداثة، عالم المعرفة، الكويت، العدد 279، 2002، ص321.
2. محمد بن مريسي الحارثي، عمود الشعر العربي: النشأة والمفهوم، نادي مكة الثقافي والأدبي، مكة المكرمة، ط1، 1996، ص334.
3. نفسه، ص 334.
4. محمد غنيمي هلال، النقد الأدبي الحديث، نهضة مصر للطباعة والنشر والتوزيع، القاهرة، 1996م، ص162.
5. شوقي ضيف، العصر الجاهلي، دار المعارف، القاهرة، ط24، 1960م، ص226.
6. نفسه، ص228.
7. يوسف اليوسف، مقالات في الشعر الجاهلي، دار الحقائق، الجزائر، ط3، 1983، ص5.
8. انظر: محمود أحمد غضيب، معالم الحياة الاجتماعية ومشكلاتها وأثرها في شعر العصر الأموي، مجلة الدراسات المستدامة، السنة الرابعة، المجلد الرابع، العدد الأول، العام 2022م.
9. انظر: شوقي ضيف، التطور والتجديد في الشعر الأموي، دار المعارف، القاهرة، ط8، 1959م.
10. إحسان عباس، فن الشعر، دار الشروق، عمان، ط5، 1992م، ص42.
11. نفسه، ص40.
12. نفسه، ص43.
13. انظر: (عصر الدول والإمارات، شوقي ضيف، دار المعارف، القاهرة، ط2، 1990م.
14. نفسه، ص284.

15. ناصر الدين الأسد، الحياة الأدبية في فلسطين والأردن حتى سنة 1950م، المؤسسة العربية للدراسات والنشر، عمان، ط1، 2000م.

16. يوسف يوسف، مقالات في الشعر الجاهلي، مرجع سابق، ص278.

17. للمزيد عن المفارقة انظر: ناصر شبانه، المفارقة في الشعر العربي الحديث، المؤسسة العربية للدراسات والنشر، بيروت، ط1، 2002م.

18. انظر على سبيل المثال علي عباس علوان: تطور الشعر العربي الحديث في العراق، دار الشؤون الثقافية العامة، بغداد، ص181.

19. يوسف يوسف، مقالات في الشعر الجاهلي، سابق، ص5.

20. وليم راي، المعنى الأدبي من الظاهراتية إلى التفكيكية، ترجمة: يوئيل يوسف عزيز، دار المأمون، بغداد، ط1، 1987، ص49.

الفهرس